哈佛商学院
最受欢迎的领导课

WHAT TO ASK THE PERSON IN THE MIRROR

Critical Questions for Becoming a More Effective Leader and Reaching Your Potential

[美]罗伯特·史蒂文·卡普兰（Robert Steven Kaplan）_著
蔡惠仔_译

中信出版集团·北京

图书在版编目（CIP）数据

哈佛商学院最受欢迎的领导课 /（美）罗伯特·史蒂文·卡普兰著；蔡惠伃译．-- 2 版．-- 北京：中信出版社，2018.5（2024.12重印）

书名原文：What to Ask the Person in the Mirror

ISBN 978-7-5086-8751-3

Ⅰ．①哈…　Ⅱ．①罗…　②蔡…　Ⅲ．①领导学－通俗读物　Ⅳ．① C933-49

中国版本图书馆 CIP 数据核字（2018）第 049384 号

哈佛商学院最受欢迎的领导课

著　　者：[美] 罗伯特·史蒂文·卡普兰
译　　者：蔡惠伃
出版发行：中信出版集团股份有限公司
（北京市朝阳区东三环北路 27 号嘉铭中心　邮编　100020）
承 印 者：北京通州皇家印刷厂

开　　本：880mm×1230mm　1/32　　印　　张：8.25　　字　　数：170 千字
版　　次：2018 年 5 月第 2 版　　印　　次：2024 年12月第 33次印刷
京权图字：01–2012–8248
书　　号：ISBN 978-7-5086-8751-3
定　　价：68.00 元

目录
Contents

当领导者进退维谷时，他们利用时间的方式经常难以和业务上最迫切的需求相互匹配，而这通常会导致真正重要的方案没得到足够重视，整家公司的运作逐渐偏离正轨。所以，领导者根据愿景和要务分配时间至关重要。

很多领导者都会宣称，培养人才是公司成功与否的关键。尽管说得很对，但现实生活中许多公司及其领导者在这方面的表现都很差。高效的领导者不但本身就是好教练，同时也会主动为自己寻找教练。

领导者肩负的重任中，其中一项便是“把对的人放到对的位置上”；换句话说，吸引、招募、培养人才，以及恰如其分地将这群人才放到重要位置上，对大部分公司而言是至关重要的成功要素。面对终将退位的现实，领导者需要拟出完善的接班规划。

推荐序

教育改变命运，我们改变教育

郑毓煌
清华大学博士生导师　营创学院院长

因为在清华大学经济管理学院任教和创办互联网商学院营创学院的原因，我经常获得一份特殊的“福利”：每当有商业类的新书问世，中信出版集团就经常会把新书寄给我，并邀请我提前阅读并为新书撰写推荐文字。然而，因为时间关系，我很少为图书写序。但这一次，我欣然应邀为“全球知名商学院经典课程系列”丛书写序，原因只有一个：我打心底希望，这套来自哈佛商学院和沃顿商学院这两家全球最著名商学院的优秀课程作品能够惠泽更多中国人，特别是中国的企业家、创业者和职场人士群体。

哈佛商学院和沃顿商学院无疑是全球最著名的两家商学院。经常有这么一个说法：哈佛大学是全美所有大学中的一项王冠，而王冠上那璀璨夺目的明珠，就是哈佛商学院。建于1908年的哈佛商学院以案例教学法闻名全球，哈佛商学院的案例也被全球所有商学院广为使用。据统计，在美国500家最大公司里担任最高职位的经理中，有1/5毕业于哈佛商学院。

沃顿商学院是美国第一所大学商学院，创立于1881年，比哈佛商学院还早27年。自1881年创建之后，沃顿商学院创造了许多商学院历史上的第一：1881—1910年沃顿商学院出版了第一本商业教科书；1921年沃顿商学院设立了全球第一个MBA学位……甚至，由于沃顿商学院名声太大，很多中国人只知道沃顿商学院而不太熟悉其所在的大学“宾夕法尼亚大学”（美国常春藤八大名校之一）。

今天的中国太需要这两所全球顶级商学院的优秀课程和优秀著作了。为什么这么说呢？

首先，社会对商业知识和智慧的需求正在急剧扩大，迫切需要我们在浩瀚书海之中甄别真正优秀的商业著作。在今天的中国，创业大潮正如火如荼展开，然而，传统的顶尖商学院由于门槛太高，大多数中小企业家、创业者和职场人士往往不敢奢望能够进入哈佛商学院、沃顿商学院、清华经管学院、北大光华管理学院等国内外顶尖商学院进一步学习和深造。在这种情况下，很多中小企业家往往被一些质量差的培训机构误导，前几年流行的成功学就是这样的一个例子：成百上千的企业家到了培训现场，发现却只是充满鸡血和洗脑的营销课程。即使是购买商业类书籍，很多中小企业家往往也被诸如“如何快速成交”“如何达成一个亿小目标”等耸人听闻的标题吸引。而随着智能手机和社交媒体的普及，大多数人的时间都花在微信上，都在“碎片化”、“标题化”地阅读各种阅读量十万以上的文章，却再也没有时间认真去读完一本真正的好书。而个人通过品读一本书得到的独特体验以及系统性思考是快餐式文化消费不可比拟的。

其次，培养良好的求知习惯须趁早，优秀的教育和书籍对每个人的成长至关重要。我自己就是一个“教育改变命运”的受益者。出生于福建农村的我，10 周岁之前由于在乡下小学读书，连普通话都不会说。真正帮我改变命运的，是我的母亲。为了给我带来更好的教育机会，母亲放弃了在乡镇企业里待遇较好的工作而调到“清水衙门”的县城图书馆，我才能转学到城里读书，并开始有机会大量阅读各种图书。也正因此，我才从一个玩泥巴的乡下小孩，慢慢变成一个爱学习爱读书的孩子，并在后来如愿考入全县最好的中学，考入清华大学和哥伦比亚大学。正因为有了这番经历，回到清华任教之后，我一直希望能够用所学帮助更多的人。

再次，“全球知名商学院经典课程系列”能让每个求知者通过阅读，机会平等地获得优质教育的机会。传统的知名商学院教育，由于学费高昂，门槛极高，只能惠及少数人。正是在这种背景下，在“教育改变命运，我们改变教育“的理想下，2017 年初我创办了营创学院和营创读书会，立志打造一所人人都上得起的哈佛商学院，全年推出 50 本商业著作的原创作者精华解读音视频，并在 2018 年初面向中小企业家和创业者们推出了“用 1% 的学费，上清华 + 北大 + 全球知名师资的线下 EMBA”项目，获得了社会的积极反馈。同样，中信出版集团这套书的付梓可以让千千万万的读者有机会抵达最前沿的商学院的通识课程精华，也将成为渴求学习顶尖商学院课程读者们的福音。因为，正是这些优秀商业著作的传播，才让更多人获得优秀的商业知识和智慧。

今天，中信出版集团即将出版的《沃顿商学院最受欢迎的谈判课》《沃顿商学院最受欢迎的思维课》《哈佛商学院最受欢迎的营销课》《哈佛商学院最受欢迎的领导课》这一系列丛书无疑是商业知识和智慧中的明珠。这四本书都源于哈佛商学院和沃顿商学院这两所全球知名商学院里最受学生欢迎的课程，图书的作者也都是哈佛商学院和沃顿商学院里在营销、领导力、谈判、思维等各商业和心理学领域的资深教授。我相信，这一系列丛书不仅会带给读者优秀的商业知识和智慧，更会将看起来遥不可及的知名商学院教育带给成千上万的读者。而这，也正是中信出版集团、营创学院和我本人一直努力的共同目标。

郑毓煌

2018 年 3 月 12 日

前　言

领导力不是什么都懂，
而是有勇气提出关键问题

说到提升自我能力，以便成为更杰出的主管或领导者，你会怎么做呢？

这是你能学会的事情吗？

领导力可以教出来吗？

优秀领导者是天生的还是后天培养的？

伟大的领导者是怎么做的？

很多人以为，伟大的领导者之所以伟大，不过是因为他们够幸运，总能找出正确答案。他们以为这些领导者生来就具备了敏锐直觉，不论身处何种情况都知道该怎么做，例如，如何坚持目标，如何激励员工朝着共同目标前进，如何有效地组织管理，以及如何开拓事业版图。他们认为优秀的领导者天生就是当领导的料，看待事物总有真知灼见，而且领袖魅力十足，和我们这些普通人本来就不一样。而且这些领导者对自己做的决定当然百分之百确定了——这对他们来说，再自然不过了，不是吗？

以下这种观念深入人心：成功的领导者是珍稀品种，他们遵循职业生涯规划按部就班地前进，懂得避开种种险阻，专注力始终如一，不会陷入时不时袭来的疑惑中，很少认为自己很失败，而且有着异于常人的能力，可以侦测四周情势，进而预见未来。

听起来蛮不错的，但我可不这样认为。

从一开始的公司主管，到成为哈佛商学院的管理实务课程教授，这 25 年来，我带领过好多家公司，也定期为各领域的领导层和新兴领导者提供咨询服务。我犯过错，但也因此找出了提升决策效率的领导方法，并清楚了解到哪些领导方式会削弱公司的表现。

从这些经验中，我发现：几乎所有成功的领导者也曾在相当长的时间里感到困惑、沮丧，对自己和自己做的决定一点儿也不确定。这时候，他们会认为自己待错了地方，应该去干点儿别的。他们会心生疑惑，为何其他主管工作时看起来气定神闲得多？他们会经历费力寻找答案的痛苦阶段，并感到十分孤单。即使他们散发出自信的气场，内心深处仍充满了忧虑和不确定感。

许多成功的领导者很难相信其他优秀同僚也会有这种感觉。他们常面露疑色地问我：“如果这是真的，那成功的领导者和不那么成功的领导者之间有何差别？”

我的答案是：领导者能否发挥潜力，差别在于他们“面临困惑与不确定时如何处理”。诀窍不在于如何极力避免这些艰难时期，而是知道当这些时期来临时，如何先退后一步，诊断眼前状况，从而重新整顿，再向前迈进。

高处不胜寒

当然，说得容易，做起来难。当你的资历越来越深，最后可能成为整个公司的主要领导者时，想要得到下属及时有用的反馈、保有准确的自我认知，以及对于新问题设立早期警告系统，这些事就越发显得困难。当你的职业生涯走到这一步，你上头没有几个上司会紧盯着你的表现（如果你还有上司的话）。因此当你首次听到对你工作表现的批评时，应该是上司对你的年终评估；如果你是首席执行官，则是在召开董事会时才会听到；或者，要等到你的事业遭遇明显挫折时，才会听见那些批评。但很不幸，这时要采取可避免永久伤害的正确措施，可能已经来不及了；那种永久伤害不仅会影响你的事业，可能还会影响你的职业生涯发展。

“高处不胜寒”这句话已经被用得泛滥了。但即便如此，这句话还是简明精确地描述出了我所说的状况。

我自己确实经历过这种艰难处境，在历年工作中也观察到其他管理者有相似遭遇，而且自从我开始在哈佛任教，身边更是不乏此例。从这些经验中，我得出结论：我相信，对大多数领导者来说，90% 的困难来自能够及时退后一步，花时间提出正确的问题；所谓正确的问题，就是能帮助你洞见眼前局势，重新整顿，再迈进的问题。

问出关键问题

容我再强调一次，成功的商业领导者很少什么都懂。但他们非常懂得如何及何时问出关键问题，帮助他们为公司也为自己建构出议题框架、诊断问题、想出行动计划。如此一来，这些领导者就能突破逆境，把他们自己和公司一起拉回正轨。

我在本书中将分享我帮助领导者及时退一步，诊断眼前状况，再成功往前迈进的经验。我曾和许多领导者合作，一起开发出适合个人的上述思考模式，再将它内化到不同个案中。最终，他们便拥有了这套量身打造的提问思维模式，即使我们之间的合作结束，我已离开，他们仍能持续使用这套思维模式。

打造一份潜在问题的清单，以及可以架构出关键问题，针对问题进行辩论的流程，就是这本书的主要内容。我坚信每位领导者都有必要追求这种思考方法，既针对个人不同需求及职业生涯阶段，又符合各自领域和公司的行事作风。我会在接下来的章节中提供许多实例，列出不同事件脉络下的领导者如何架构关键问题，以及打造出高效解决问题的流程。

这本书的重点是，借由了解如何、何时提出关键问题，不论是年轻的专业人士或资深领导者都能把领导角色扮演得更好，对自己的职业生涯也能产生更大帮助。以令人信服的方式架构出问题，进而抛出正确的问题，远比什么都懂更重要。其实从我以往的经验来看，如果领导者能问出正确问题，而且打开心胸接纳真实的答案，让人心服口服的洞见自然会呈现出来。有人问了你一个精心架构的问题，接着答案如灯泡一般忽然在你脑海中亮起，这种事你经历过几次呢？有时候单纯聆听并思考这个正确问题，就能打开你的视野，进而带领你转舵前行，向着崭新而具有建设性的方向前进。

因此，这场挑战是双重的：架构出正确的问题，以及养成定期往后退一步、抛出问题的习惯。

应该扪心自问哪些问题

我已经提炼出这个方法的精华，并把它简化成 7 个基本探询类型。根据我的经验，这些都是能在商界与非营利组织领导者之间产生共鸣的问题。在接下来的各章节中，我会一一呈现这 7 种类型的关键问题，以及讨论架构出这些问题的思维模式，而非直接在书中给出答案。

尽管你也许自认为很了解你自己和你的公司，你仍会发现需要大量额外的提问及反馈，才能充分解决这些问题。此外，我想你应该会发现这些问题是层层架构起来的；换句话说，一旦解决了第一层的问题，接下来要攻破后续问题就会简单得多。

下面是依序列出的章节焦点：

设定愿景与要务

这是你的企业的根基。清晰说明公司愿景并认清随之而来的优先要务是很重要的，而且必须使公司全体人员和重要客户都能了解上述愿景和要务。当业务开始举步维艰，问题经常来自众人对公司愿景及要务的疑虑。在本章中，我们将讨论“愿景”——愿景的重要性及如何打造或重新打造你的愿景。此外，我们将从多个层面入手，找出有哪些可管理的优先要务，反过来，这份要务清单将会助你一臂之力，使你达成目标，施展抱负。

时间管理

你知道自己是怎么利用时间的吗？你利用时间的方式与你的愿景及优先要务是否相符呢？很多出于好意的领导者常常都完全没有意识到，如果手边时间和优先要务没能好好匹配，将会付出很大的代价。这一章将讨论时间与要务的错误结合及其导致的代价；并提供特定的方法，确保你能精确地掌控时间，把时间分给最重要的优先要务。

给予反馈，接受反馈

一旦你建立了清晰的愿景与要务，想要达成目标，有效的指导就是不可或缺的工具。尽管大多数领导者都知道这点，许多人仍未给下属提供有效的指导，而这种指导是确保员工表现优秀的关键。不仅如此，很多领导者自己也没得到应有的关键指导。在本章中，我将讨论关于人才管理的若干陷阱和误区。此外，我们也将探索其他有关指导与被指导的核心问题，并评述其他几种替代方法。

接班规划与工作授权

你身边有尽心栽培的重点人才吗？你充实这个人才库的方式，是否从某种程度上也在打造你的企业？你是否有意识地把关键任务交给这些专业人才负责呢？本章中要解决的，是领导者想要打造与发展人力资本时应该提出的几个核心问题。我们也将讨论将特定任务授权给他人的重要性，如此一来，你才有多余的精力和时间投入企业的关键要务。

为你的团队把脉，做出相应调整

你的企业设计和领导方法现在还能满足业务发展的需求吗？你追求的方法是不是只能满足一时需求，接着就得赶紧更新、修正甚至废弃整个方法？你如何通过流程的建构、跳出工作情境的局限、拓宽视野，来解决这些问题？我们将处理领导者必须面对的一些艰难议题，以及如果他们想持续保持成功的话，该怎么有效解决这些问题。

领导者要成为团队的典范

你的行动远胜过言语。你对于自己和下属的行为传达出的信息，都了然于心吗？你和你的下属会不会言行不一致？很多刚刚崭露头角的领导者，甚至一些资深领导，都没能理解他们的行动会对下属和重要客户产生何等影响。我们将在本章探讨成为众人典范究竟是什么意思，并且讨论若领导者想成为公司中的有力典范，该提出哪些重要问题。

发挥你的潜能

你了解自己的能力、弱点和热情在哪儿吗？你有没有营造出一种让下属能充分发挥潜能的学习环境？你会不会鼓励直言辩论的风气？你有没有努力创建出公正与公平的企业文化？如果没有，这些不足会对你的公司及其表现产生什么影响？我们将在本章中探讨如何充分了解自己，如何发挥出自己最好的一面，并且将这种思维模式也植入你的下属心中。我会提出几个具体技巧，帮助你在此重要议题上有所进展。

当你阅读每一章节时，你会发现这些方法首先是为了帮助你更加了解你自己和你的公司而设计的。而从长远来看，这些方法则有着更重要的目的，就是帮助你走上定期探询之路：以富有成效的方式架构出议题，退后一步了解议题，得出洞见，再根据这些洞见采取行动。唯有如此，才能成功往前迈进。在本书的最后一章，我们将讨论如何让这种方法成为你领导活动中的常规部分。

探讨与思索的练习

本书中的若干问题和方法很可能会正中下怀，引起你的共鸣；而其他问题和方法可能不会让你产生这种反应，这都视个人状况和经验而定。根据你的个人偏好及领导风格，你想出的新问题也许比本书所列出的问题更符合你的实际状况。本书重点在于使你养成习惯，定期提出一系列问题，而这些问题要符合你的公司和产业，切合你的性格与过往经历，并且与时俱进，切合现实状况。当你尝试运用本方法时，我希望你视之为一个富有价值的工具：当你感觉不确定时，这个工具便能派上用场；当你打造个人技能、规划你的职业生涯、创建你的公司时，可用这种方法预先检查你的航向。

我的目标就是使你踏上这段旅途。我希望上述思维模式，能让你在这段挑战不断却又收获丰盛的旅途中更加顺利，成为更高效的经理人，成为真正出色的领导者。

哈 佛 商 学 院 最 受 欢 迎 的 领 导 课

What to Ask the Person in the Mirror

Critical Questions for Becoming a More Effective Leader and Reaching Your Potential

第一章 设定愿景与要务

如果你知道自己的方向，
抵达目的地就容易许多。

你有没有为你的企业描绘出一幅清晰的愿景？

为了实现愿景，你有没有列出3~5项关键要务？

你会积极向公司众人解释这幅愿景，并与关键要务联系起来吗？

若想要了解一家公司或非营利性机构，并且评估其领导者所面临的挑战，那么以这个问题——“你对这家企业的愿景是什么？”作为起点，再重要不过了。你在接下来的几年中想达成什么目标呢？这家机构的特别之处在哪儿？为什么你要花上宝贵的时间为这家公司工作呢？你能清晰有力地描绘出公司愿景，让你的员工和重要利害关系人都能充分理解这幅愿景图像吗？

以我的经验来看，每位有效领导者和他的企业所取得的持续成功，几乎都来自清晰描绘的愿景。如果描绘出的愿景足够清晰，就能动员全体员工，并且向他们传达你想要带领公司前往的方向。清晰的愿景可以成为员工早晨起床、到公司上班、在工作中努力表现的动力！多花些时间，仔细描绘出你的愿景吧，它同时也描绘了你的企业愿景；它是打造杰出企业或非营利性机构不可或缺的基石。据说尤吉·贝拉[①]曾说过："如果你知道自己要往哪个方向走，抵达目的地就容易许多。"

当你身处职场，你的时间和其他资源都很稀缺，这时你和你的员工在做出重要决定前，最好先知道你们的方向。我们将在本章中探讨"愿景"的重要性，评述几个实例，并且讨论如何构思、发展这幅愿景，让愿景成为指引方向的明灯。

单单描绘愿景还不够，一定要找出相应的关键要务才行，而要务数量得控制在可管理的程度。这些要务会具体呈现出哪些是你想实现愿景就必须先达成的关键工作。我会提供多种方法协助你定义出这些优先任务，学会在必要时做出折中决定，并且定期更新这些决策。

愿景和相关要务，必须积极传达到众人心中。本章将讲述有效传达愿景和要务的重要性——当然，再三传达的重要性也包括其中！如此一来，你的员工和相关利害关系人就会清楚地了解你的方向，以及你希望他们聚焦何处，才能达成团队目标。

你的愿景和要务应该同时具有良好的适应性和流动性。我们将用整章篇幅来探讨整体愿景和要务；世界在不断发生变化，愿景和

---

① 尤吉·贝拉是美国职业棒球大联盟的前捕手、总教练。——译者注

要务除了应随不同领域和部门的特性而有所调整，也要能够应对持续不断的挑战。

清晰描绘企业愿景

如果你成功的话，愿景就是清晰描绘出你希望看到的企业景象。5年后的你回头检视现在，你希望能说出哪些已完成的目标？你对这个组织的未来有什么期许？

对新手来说，愿景最根本的基础在于审慎分析，找出自己独特的能力。你真正擅长的方面有哪些？你和竞争对手的差别在哪里？

有位办公用品分销行业的新任首席执行官刚刚上任，想为自己的新角色找到一个合适的起点。她的家族经营这个企业达三代之久，家族成员持有企业所有的股份。我们初次见面时，我问她这个企业的愿景是什么。她解释道："这个嘛，办公用品行业有点儿无趣，这个行业不太讲求什么愿景和志向。"

我答道："这听起来倒挺像生活用品行业的，那你和别人的不同之处在哪里呢？为什么我应该买你们家的产品，而不去选择其他品牌呢？你在这一行想要做到什么程度呢？"

她心中早已有了答案："首先，我们不做零售，只为商界及大型机构服务。我们重点关注美国东北部，在当地已建立起为数众多的长期合作关系。我们提供一条完整的办公用品生产线，这点我们相当引以为荣，客户可以在我们这里一次购齐所有办公用品。我们的产品价位并不低，但我们提供的产品种类广泛，服务优良，而且我们有能力临时接单，即使有时候接这种单子不划算也会答应。此外，我们愿意满足客户特殊的要求，并提供客户定制化服务。在客户眼中，我们是不可或缺的可靠的办公用品供货商，为此我们深感自豪。”

她的答案中透露出什么信息？数十年来，公司领导层早已决定了根本方向，呈现出这家企业的特色。这家公司的价值定位很明确，并以此为基础提供服务。多年来，这位首席执行官和她的同事仍在努力不懈地朝着愿景前进。每当企业取得了出色成绩，他们都引以为荣。

经过一番深入讨论，探究公司未来走向之后，这位首席执行官总结道，此时正是重新检视公司愿景，并更新、描绘这幅图像的宝贵时机。由于当时许多员工进入公司的时间还不满 3 年，这时重建愿景显然再合适不过了。此外，市场环境近年来出现若干变化，若未能及时响应，公司向来屹立不倒的几项独特能力恐怕会陷入危殆。她希望确认所有员工都站在“同一战线”上，朝着她希望的发展方向齐心协力，共同实现这幅企业愿景。

重要的不只是金钱

对公司员工、合作伙伴及其他重要成员来说，想要充分发挥实力，心中得先确定明确的志向。尽管金钱确实可以成为员工工作的短期动力，但在我看来，如果把金钱当成首要动力，众人往往会精疲力竭，最终丧失工作热情。其实，他们需要的比金钱多得多。他们需要更大的动力，并为此竭尽所能。这种动力可能是开创一份事业、对世界产生正面影响，也可能只是为一家在特定领域享有至高声誉的机构贡献力量。

人类是社会动物，他们想要有所归属，想要加入具有重要意义的团队，成为其中的一分子，而这赋予他们的人生更多意义。为什么许多才华横溢的人，明明眼前摆着许多诱人的工作机会，他却宁可选择较低的薪水，成为联邦检察官？为什么有人会选择去学校教书？为什么还有些人会选择从军，将生命置于战地前线？答案令人信服：他们渴求的不是金钱报酬，而是比金钱更重大、更有意义的事物。

众人都希望对自己所做的事情引以为荣。是的，他们想要获得酬劳，但如果还想要他们都“团结起来”，继续待在目前的团队打拼，就需要其他理由。否则他们只会视目前的工作为走向更有意义生活的中转站而已。

清晰勾勒出的志向，就是让你和你的员工每天早晨跳下床来的原因，在很多情况下也是加倍努力的最佳理由。实现志向会为你带来深层的满足感，而这份满足感会进一步强化其他重要领域。

金钱到底扮演着何种角色呢？金钱，其实是成功实现愿景后随之而来的副产品，它可以提供诱因，激励出你希望看见的行为类型。如果你表现得很棒，金钱就会在前方等着你。这个想法有时会被称为“长远贪欲”。真正优秀的企业明白，如果采取只能激发出短期利益的行为，同时却损及企业声誉、特质及志向，此举将对公司有害无益；另外，他们也了解有时为了构建商誉，必须先有所取舍。例如，对急需协助的重要客户做出让步，虽然有可能牺牲短期利益，但很有可能巩固双方的长期关系，这对构建商誉是不可或缺的；而这一步，更能带领公司获取长期利益，实现长久以来的愿景。

愿景的棱镜效果

愿景清晰了，取舍也跟着清晰得多。愿景传达出你当下行为的理由，并且形成、影响你做出的每一个重大决定。愿景勾勒出你的行动蓝图，并指出那些你该避免的事物。愿景是一面不可或缺的镜子，能反映出应该制订什么样的重要决策。

更具体地说，愿景会成为你（以及你的员工）的行动的指引，带领你们决定该服务什么样的客户，提供何种产品/服务，该雇用谁，该如何组织及支付报酬，该建立何种企业文化，以及你该选择何种领导风格。创建这幅愿景，有助于你做出前述所有重要决策，并帮助你的员工关注重点，继续为你定下的主要目标奋力前行。

如果你仔细观察优秀的组织，你会发现不论其规模大小，它们都是以清晰的愿景为中心向外发展的。你会看见首席执行官和其他重要领导者自信满满地解释他们将要做什么，不会做什么，以及为何要以他们主张的方式做出重大决策。你会在他们的解释中见识到自信与热情。

而你也会从他们的员工身上看到相似的自信、自豪和热情。他们在愿景的指引下采取行动。通常这些人的成功及他们创造出来的利润，全是实现这幅愿景后的副产品。

脱轨的企业则与上述情形相反，你通常会在该类企业中看到众人对愿景的疑惑和不确定。他们早先可能也确立了明确的志向，但由于领导不力、大环境有所改变或是其他因素，而不再对自己的前进方向与应做的事感到无比自信。他们纠结于下列问题：

- 我们的业务是想为客户提供高附加值的产品，还是以赚取利润为主要目的？即使对我们的客户而言不是最佳结果，也还要继续下去吗？
- 我们至今是否仍相信创新和研发新产品的重要性，还是要屈服于每季度利润的压力，延后甚至不再努力创新？
- 赚取利润导致的压力是否已凌驾于以往众人所理解的愿景之上？这幅强调价值、服务我们的客户与社区的愿景是否已不再清晰？

就我的经验来看，当组织的运作脱离了原先的轨道，众人心中的疑惑要等到领导层有所觉悟了才会暂告终止，有时则是由反应敏锐的董事会引发这股觉悟动力。领导层会根据组织的独特能力与核心价值，重新勾勒出清晰的愿景，推动众人再度向前。

换句话说，这时需要的就是一句鼓舞人心的重申：“我们是谁？要往哪里去？”

实例：清晰愿景带来的力量

清晰的愿景具有强大的力量，可以调动一大群人，可以激发、鼓舞他们，并给他们指出清晰的方向。我们来看看几个实例。

“我有一个梦想”：推动民权

1963 年 8 月 28 日，马丁·路德·金博士在林肯纪念堂前发表了他最著名的演说。我们在哈佛商学院经常引用这篇演说，证明清晰勾勒出的愿景具有多大的力量。金的杰出演说能够名垂青史，成为今日众所皆知的“我有一个梦想”演讲，正是因为他连续使用那 6 个字作为几个强有力段落的开头。

> 我梦想有一天，在佐治亚州的红色山岗上，昔日奴隶的儿子能够同昔日奴隶主的儿子同席而坐，亲如手足。
>
> 我梦想有一天，甚至连密西西比州，这个正义匿迹、压迫成风的沙漠之州，也将变成自由与正义的绿洲。
>
> 我梦想有一天，我的四个孩子将生活在一个不是以肤色的深浅，而是以品格的优劣作为评判标准的国家里。

这是一幅精彩的愿景，也是一篇精彩的演讲。演说的其他部分相比之下就没那么有名，但通篇内容整合得相当出色。“我们绝不允许我们具有崭新精神的抗议蜕变为暴力行动。”金提醒道。他也清楚地表明了与白人和其他重要族群结成盟友的必要性：“我们不能单独行动。”同时他也强调，尽管缔结上述盟友相当重要，但是这些盟友必须支持这幅愿景才行：“我们必须保证向前进……我们决不能倒退。”

金在美国的多次巡回演讲中，不断地重复提到这幅愿景。而他的主要助手和追随者也将这幅愿景转化为特定行动与要务。这个具体转变也是我们之后要提到的主题。这场民权运动的结果，在当时是大家连想都没想过的：1964 年《民权法案》的通过，是美国历史上少数族群权利的根本性变革。

脊髓伤害治疗：打造卓越的脊髓伤害研究中心

迈阿密脊髓治疗计划（The Miami Project to Cure Paralysis）创始于 1984 年，以“脊髓伤害治疗”为机构愿景。当时脊髓伤害方面的相关研究很少，而如此直白的愿景引来了诸多争议，有人认为此举过于大胆，甚至不够明智。但该计划的创始人尼克·博宁孔蒂（Nick Buoniconti）相信他必须这般大胆直白，才能激励潜在支持者加入这个行动。他挑战当时众人的想法，请他们想象再度看见病人站起来行走的情景。他在每一次的演说中，以及在跟迈阿密计划成员往来的每一封邮件中，都不断地提到这幅愿景。

这幅愿景确实动员病患家属和潜在捐款人都起身参与到行动

中。25 年后的今天，迈阿密计划已募得超过 300 万美元的资金，并率先取得若干脊髓伤害治疗的重要研究突破，现在正致力数项前景光明的相关研究中。而一二十年前，这些进展看起来似乎绝无可能。

当然，治愈脊髓伤害至今仍是个梦想，而且这幅愿景大胆直白的程度，也引起研究机构的焦虑。脊髓伤害相比于其他病症并不常见，就算研发出有效药物，整体市场仍不大，因此学术界与相关药物研究对钻研出突破性治疗方法的兴趣不高，脊髓伤害因而陷入了“医疗孤儿”的窘境。尽管如此，迈阿密计划证明清晰、直白的愿景一直以来都有助于动员各界重要人士一起推动重大进展。

迈向世界大赛：要做就做最好！

堪萨斯市皇家队创办人尤因·考夫曼（Ewing Kauffman）在 1969 年创办球队时为该队伍勾勒出一幅蓝图。他承诺，5 年内堪萨斯市将会出现一支足以参加美国职业棒球世界大赛的出色队伍。他在对球迷、球员、雇员和其他重要关系人发表的每一篇演说中，以及在无数次电台与电视访谈中，都不断重复提到这幅愿景。

对大多数旁观者而言，这幅愿景不只是不切实际。毕竟堪萨斯市数年来连一支可以进大联赛的棒球队也没有。球队刚成立时，球队中有名气的球员没有几个，小联赛球队的规模还停留在最初阶段，而且从主要几个大都市的棒球队伍标准来看，堪萨斯市的市场相对较小。

尽管如此，考夫曼仍无所畏惧，持续强调这个远大志向。在接下来的数年中，他不断提到这幅愿景，从未改变过目标。他和整支球队所走过的每一步，都以此愿景为最高指导原则。他们所做出的每个决策，都必须通过费神耗力的检验：他们的行动，是否与“要做就做最好”这幅愿景保持一致？从选拔球员、建立小联赛球队系统、购买设备、挑选总教练，到决定球队训练方法，球队的每个决定都必须通过这层棱镜的检视。

尽管 5 年内堪萨斯市并没有出现进入美国职业棒球世界大赛的队伍,10 年内倒是真的出现了；而且该队在 1985 年赢得大赛总冠军。说实在的，如果尤因·考夫曼当年没有提出这幅清晰、激励人心的愿景，接下来的这一切都不会发生。

只有一个美国：全美上下一心，齐心协力面对重大挑战

有位当时不怎么有名的伊利诺伊州政治人物，在 2004 年民主党全美大会上发表了政策演说。在这篇演说中，巴拉克·奥巴马勾勒出一幅国家愿景：“没有所谓的自由美国，也没有所谓的保守美国，我们只有一个美利坚合众国。没有所谓的黑人美国，也没有所谓的白人美国、拉丁美国或亚裔美国，我们只有一个美利坚合众国。”

这幅愿景道出了团结一致的梦想，描绘出一幅全美民众团结一心的画面，大家合力解决国家所面临的重大议题。奥巴马强有力的演说，让他自此跃上全美政坛，成为知名政治人物。接下来，他经

常提到这幅愿景。从2006年到2008年，他靠着这幅愿景所得到的支持，打造出庞大的竞选团队，组成资深的政策制定团队，建立规模极大的捐款人数据库。在他和团队的共同努力下，奥巴马最后赢得了民主党总统候选人提名，并于2008年赢得总统大选。他强有力的愿景，造就了成功的组织和动员力量，并且帮他赢得大选。

升学愿景：为遭遇财务困难的优秀学生创造机会

1997年，TEAK奖学金成立了。这个机构的愿景，是让全纽约市优秀但经济方面有困难的中学生，与家境较好的同学有相同的机会升入优秀的高中。

该机构成立之后便规划出详细蓝图，努力达成这幅愿景。他们和学生家长、潜在受助人密切合作，以帮助他们通过奖学金批准程序及财务援助流程。该机构每年只接受20名受助人，每名受助人皆需通过层层审查和面试。之后该机构会提供数学、英语、音乐及其他学生升学所必需的密集辅导课程。

由于愿景清晰、蓝图翔实，TEAK成功招募到职员、捐款人、强大的董事会成员，以及最重要的元素：符合高要求的学生。13年来[①]，在该机构帮助下进入美国境内最优秀的高中与大学就读，而且顺利毕业的学生，已经超过300名。

---

① 本书完稿时间为2010年，全书涉及的时段均以完稿时间为止计算。——编者注

即使是街角餐馆也有愿景

我目前刻意列举了政治与非营利机构领域的例子，来说明愿景这个概念。但其实商界也不乏愿景动人的实例。不论在哪个领域，伟大的企业都建立在清晰的愿景之上。说实话，很难想出哪个成功企业是没有远大愿景的。这幅愿景可能会随着时间推移而逐渐发生演化，但愿景一直都会存在，并引领企业迈向未来。

我在纽约市的住宅附近有家小餐馆，这家简朴的餐馆是我 15 年来最喜欢的用餐地点。餐馆老板开店已超过 30 年，当时他的愿景是在往来便利的街角开一家风格简朴、待客友善、价格公道、服务周到，并提供实惠快餐（汉堡包、鸡肉、汤品、沙拉、基础早餐，还有好喝的咖啡）的邻家餐馆。店家老板和他的伙伴所做的每个决定，都与当初这幅愿景保持一致，这些决定包括：精简人力、只收现金（省去信用卡手续费），以及替未预约的客人设置的宽敞吧台等。

容我再说一次：这家餐馆的成功来自其背后的愿景。他们可能不会很明确地知道自己想的就是“愿景”，但他们的运作方式却恰好体现了“愿景”这个概念。

构筑共同愿景

如果你也同意勾勒一幅清晰的愿景是很重要的，那要怎么构筑出一幅愿景呢？我曾与许多来自商界与非营利界的领导者、资深管理团队合作过，合力构筑出属于他们的愿景。通常只要深入多数领导者与其资深员工的内心或探究他们的过往经历，就可察觉其中潜藏着强烈的志向。关键在于厘清这份志向，让当事人听见内心的声音，最后再将其写下来。

我发现几个有效的练习方法能帮助众人舒缓身心、抖擞精神，并集中精力。例如，我通常会问下列几个问题（并站在黑板或白板前，写下我所听到的回应）：

- 你为什么要在这家企业工作？你大可以到其他地方工作，为什么要选择这里？你喜欢这家企业的什么特点？
- 你打算如何告诉你的孙子们，你待在这地方工作超过30年的原因？再提醒一次，你大可以到其他地方工作，你要怎么解释自己留在这儿的原因呢？这家企业做出了什么伟大的贡献或有何诉求？
- 10年后，你希望这家企业看起来是什么样子呢？你希望这家企业到时缔造出怎样的成就呢？
- 这家企业的特色在哪儿？如果这家企业不存在了，这个世界会有什么损失？

面对上述这些问题时，众人通常会让想象力自由驰骋，而潜藏心中的梦想也会慢慢浮现。这个练习最能发挥作用的场合，是当资深管理层（包括首席执行官）在轻松的气氛中齐聚一堂，没有特定的人主导谈话且在场所有人都要开口说话时。

为什么过了这么久，我们才谈起这件事？

根据我的经验，让长年相处的同事共处一室，彼此倾听，能使他们从中深受启发。他们通常到这时候才首次了解，长年以来彼此就特定关键决策僵持不下的原因是什么：他们先前未曾察觉到，原来彼此对公司的愿景大不相同，有时甚至相互矛盾。这时最常见的评论莫过于："我总算了解为什么你当初固执得要命，坚持要推动X方案或Y措施了！我现在懂了，如果我能早点儿理解你的动机，我想我也许就会支持你，而非一直反对你的意见了。"

在许多个案中，上述愿景会议都能帮助同事对彼此之间有更多新的理解和重视，同时也迫使这些主管彼此检视，并重新正视组织的核心能力。核心能力可能随着时间而有所变化，例如，随着世界不断发生改变，有些核心能力的优势可能逐渐消损，而同时其他核心能力则随着改变而产生。当初组织的愿景仍能反映在今日的核心能力之中吗？在进行这些讨论前，通常需要做点儿准备工作，探索大家内心的想法，并做好最新的宏观分析及竞争力分析。

我鼓励每家企业每年至少做一次这种练习。在变化接连出现的时期，不确定感日渐增强（外部环境不断变化，更强化了这种感觉），若要追求一贯的愿景，则很容易偏离正轨。此时此刻，你非做这个练习不可。

为什么有些高管不愿意做这个练习呢？在充满艰难考验与改变的时刻，有些领导者可能不自觉地出现防备心态，他们希望自己看起来"知道问题的答案"，因此不想表现出犹疑不决的样子。他们之所以产生如此的反应，可能是因为“拒绝面对”的心态在作怪，或是害怕承认“犯错”的事实。领导者需要意识到这些倾向，并督促自己克服这层障碍。

完成这种练习后，领导者通常会意识到，领导层之间共享一致的愿景，对形成决策、构思策略及做出重大取舍有多关键。我听到主管们的典型反应是：“我真希望几年前就开始这种练习！如果可以早点儿开始，我们就不必花上数百个小时针锋相对、困惑不已了！”他们告诉我，如果这种练习早些开始，就可以帮他们省下大笔金钱，及时避免公司的竞争力下滑，还能帮助他们重点关注可以让他们事业成功的关键方案。

生物科技僵局

一家中型生物科技公司近来研发的两种关键药物已取得重大进展，令该公司首席执行官十分欣喜；但该公司的资深领导者之间却争执不断，针锋相对的程度令他深感挫败，内心甚为担忧。他们最严重的分歧在于接下来该研发其他何种化合物。因为这场争执，公司内部已经开始出现裂痕，而这位首席执行官不知如何打破僵局。

与此同时，首席执行官也强烈地感到，根据公司的现金耗用率及未来研究议程，明年势必要另行筹资。尽管如此一来可能要选择合资企业形式、进行私募或首度公开发行股票，这位首席执行官仍十分确信公司需要采取一些行动来增加经济资源。这件事遭到公司内领导层的强烈反对，导致气氛有些紧张。距离上次募集资金才不久，短时间内又要另行筹资，使许多人怀疑首席执行官的动机何在。而首席执行官也警觉到，他已无法凝聚领导层的向心力，率领众人齐心协力解决问题，也难以带领团队前进了。

听他解释完整体状况后，我请他勾勒出这家公司的愿景。他有些怀疑地看着我，但还是很尽责地照本宣科，背诵了几句关于价值、道德和关键措施之类的句子。

我告诉他，尽管他背诵得很清楚，但我在这些陈词滥调中听不出任何所谓的“愿景”。

他听了有些不悦，但又试了一次。由于他试图避免重复之前的措辞，这次他讲得更结巴了。结巴的讲述经历及我们接下来的讨论，让他发现他至今尚未为公司勾勒出一幅清晰的愿景。他们的确是想要研发出可以上市的药物，也的确是想打造出一家赚钱的强健公司。但是为什么他们要研发药品，打造一家强健的公司呢？

他感到气馁、恼怒，并问我这个问题有什么要紧。他想要讨论的是他公司目前遇到的问题，但为什么我却老是逼着他讨论什么愿景？我重申了前述几个论述后，他才逐渐了解到，缺乏清晰有力的愿景可能正是他的“一系列问题的核心”。如果他自己无法详细道出公司愿景，那么他的高层领导可能也有同样的问题。如果这是真的，那他们怎么可能在讨论公司未来的走向时，针对种种关键决策形成一致看法呢？他这才了解到，原来他过去未能规划出清晰的公司志向，而现在正是重新检视这幅蓝图的时刻。

我们决定做个实验。我在一家酒店会议室见到了那位首席执行官和他的15位高层领导，并在会议室前面的大型白板上写下了几个重要问题：15年后，当你要向孩子解释你为什么会选择来这家公司工作时，你会说什么？10年后，你希望这家公司看起来是什么样子？除此之外，我根据这家公司的状况，增加了几个特定问题，并仔细观察在场成员给出意见、倾听彼此意见时的反应。

这次练习让在场所有成员获益良多。即使这群人已共事10年之久，直至今日，他们才发现对彼此的了解并不像想象中那么深入，而且早在数年前就已不再用心互相倾听对方的想法了。

听了他们的评论后，我在白板上写下了对愿景的陈述。这些人的愿景可以浓缩成下面这句话：打造一家拥有优秀研究员、致力研究出新药的公司。这是他们努力工作想创立公司、研发出新化合物的理由。这个愿景源自他们的梦想，也源自众人对这家公司核心独特能力的理性评估。我让他们对这句话加以评论、更改，直到团队内达成基本的共识。

这个练习花了将近两个小时的时间。接着我们根据得出的结果，反复讨论、辩论出要实现这幅愿景的关键要务是什么。随后的60分钟内，这些人辩论不休，最后终于达成了要研发哪些化合物、不研发哪些化合物的共识。他们很清楚，哪些化合物更有可能被用于医疗中；并且他们得出结论，公司应该专注研发那些可被用于医疗中的化合物。他们也对如何及何时筹集资金达成了共识。他们意识到，实现共同愿景与资金的充裕性密切相关。突然间，大家终于明白为何首席执行官一直在推动增资方案了。他们若想实现共同愿景，研发出可以用于医疗的化合物，就得有充足的资金作为后盾——因此增资议题的重点不是“要不要做”，而是“要如何做”。

一旦大家对愿景有了一致的看法，解决核心问题就简单得出奇，首席执行官对这个结果惊讶不已。他现在明白了，原来他们一直以来争执不下的不是手边这些特定议题，而是以这些特定议题为代表的更根本的议题。他们争执的真正原因，是每个人对于公司未来的走向所持有的观点各不相同。大家对愿景形成一致的看法之后，要解决微型议题就简单得多。自此之后，这家公司采用的策略都很成功，而且我从内部领导层那里得知，公司的领导层如今运作有方，可以称得上是一个高效的团队，因此他们在面对议题时更能提高自身能力，采取适当的应变措施。

这一幕在我眼前上演过许多次，主角从商界、非营利机构到政府机关的领导者，应有尽有。领导层和组织全体人员勾勒出共有的清晰愿景时，这股力量常常令我震撼不已。一旦愿景清晰了，就可以平息争端，让组织上上下下的人都了解到什么是真正重要的事，并成为每个人前进的动力。愿景清楚了，如先前实例所示，下一阶段的练习也随之浮现：找出关键要务。

定义关键要务

愿景固然重要，但单单有了愿景还不够，你还需要一份具体的路线图。

愿景必须伴随着一系列可掌控的优先要务，若能坚持完成这些优先要务，那么你和你的团队就能够实现这个远大志向。确定关键要务之后，你和你的同事便能明白得先把哪些任务做好，才能实现众人心中的愿景。将最应优先处理的几项要务列成一份简短的清单，这份清单上的内容就是你应集中大部分时间和精力来完成的关键任务。

务必慎重选择

不可避免地，列出要务时必然要做出抉择。你一天只有 24 小时，手边能运用的人力和财力资源也有限，因此不免要经过一番思量，才能挑出真正重要的事，并将其列入要务清单。要列出一份 15~20 项的要务清单很简单，但我认为这和没列出要务并无区别。生而为人，我们通常只有在精神集中时才能有高水平的表现；而你列出的要务数量越多，集中精神就越困难。冗长的清单代表的是你对于艰难选择的逃避。

要找出最重要的 3~5 项优先要务，并承诺拨出时间和资源来完成工作，通常颇为困难。这些优先要务会成为你集中精力攻克的焦点，而你对要务所下的定义同时暗示了哪些是不那么重要，甚至不重要的任务。

我发现把关键任务分成系列一、系列二和系列三很管用。系列一是你务必要做到最好、以求成功的任务。系列二也属于待办任务，但不需要做到最优的程度。系列三的任务如果可以做也不错，但如果它们溜走了或者你直接略过它们，你依旧过得去。我通常会用“最优”和“刚好就好”这两个词来形容任务的完成程度。哪些任务是你必须做到最优（做到最好）的，而哪些任务做得刚好就好（应该完成这些任务，但质量水平没那么重要）？

为了将关键要务减少到剩下 3~5 项，你可以试试上述分类法，最后集中精力回答这个问题：“如果我们要实现愿景，哪些关键任务是我们必须做到最好的？”

领导销售队伍：确定关键要务确实很关键

有一家大型民生用品公司，他们的全国销售总监因为某区域销售经理未能完成该区域销售指标而深感沮丧。他为了要提高销售业绩而备感压力，而且不断对他的下属表现出这种焦虑。我请他列出区域销售经理最应该完成，也有助于提高销售业绩的 3~5 项关键要务。他答道：“要把这份工作浓缩到 3~5 项关键要务太不切实际了，至少也有 15 项，要把这份清单删到剩下 5 项，不是很妥当。”

哇，减少到 5 项都不行？我大声告诉他，如果我是他的员工，那我还真的不知道要把时间集中在哪项任务上。他明确表示不同意我的看法，但同时也答应让我和几位区域销售经理谈谈。结果如我所料，他们根本不知道上司到底让他们做什么。这位主管未能勉力做出抉择，列出要提高销售量最应完成的任务清单；而他的下属也无法选出一致的关键要务。此外，我还发现有些任务似乎没那么重要，却占用了他们相当多的时间。原因呢？他们告诉我：不知道。

他们无法解释这些工作和提高销售业绩之间存在何种关联，但这些工作是公司的惯例。

这位全国销售总监决定花时间想想这个问题。这需要几周的思考时间，来咨询他手下最优秀的销售经理，以及思索他个人的职业生涯发展。最后他找出了若想要提高销售业绩需要完成的 4 项关键要务。

在 4 项关键要务中，以锁定目标客户的大规模行动最为重要。通过这个行动，公司得以找出以往未尽力深入的客户群，再针对此类客户群研发出特定的策略，“击破”各个目标客户。这个计划是清晰的，而且是可实现的。销售部门把这个任务完成得很出色，整体销售业绩最终有了明显进步。后来他们发现，公司 80% 的销售量（以及利润）都来自大型客户，但由于大型客户比小型客户更难招揽，因此公司花在大型客户和小型客户方面的销售资源一样多。为了避免重蹈覆辙，销售经理必须清楚地将大型客户当成关键要务。此外，这位总监也不再将几项对公司目前销售目标不甚重要，但颇花费时间的惯例列为要务了。

依据愿景做出取舍

再重申一下，列出 15 项要务等于一项也没列出。你和你的团队有几项要务呢？有多少要务是前人留下的，已经过时了？身为一位经理，你有责任将愿景转化为数项可掌握、可实现的要务。

下文为关键要务的范例，内容可能包括：

• 创新 / 研发新产品

我们想要在研发新产品和提供新服务方面做到首屈一指，我们愿意拨出资金、物力、人力增强创新能力。首席执行官及高层领导愿意为此做出牺牲，贡献合适的人力资源，向众人传达“创新 / 研发新产品”是公司的重要功能。我们将会制定标准来评判成功与否。此项要务将会影响重要职位人员的聘任、创新想法的组织方式（如何与其他功能分离或整合），以及奖励创新的方式。此外，领导层必须确定何种企业文化最能提供创新发展的动力。同时，领导层也必须决定公司全体员工在此项要务中所扮演的角色。

• 客户关系与服务

为了完成目标，我们究竟要将产品研发与客户关系打造得多好？客户关系对此项销售有多重要？理解客户需求、针对客户需求提供解决方案，这些事情有多重要？我们是一家提供产品的公司，还是针对客户不同需求提供解决方案的公司？还是两者兼而有之？我们独特的核心能力究竟是什么？是结合现有的多种产品以解决客户问题，还是创造出单一生产线来满足客户特定需求，以提供更广泛的解决方案？在这项要务中，要做的可能包括招募一定水平的销售人员、组织销售部门、重新调整薪资制度。我们在下一章中将会谈到，这项要务内容也会决定首席执行官应该花多少时间在客户身上。

· 定价

我们是低端品牌，还是高端品牌？这个定位会深深影响我们的营销方式、产品质量、创新程度等。如果我们把自己定位为低端品牌，就要视压低成本为要务；如果我们把自己定位为高端品牌，就要逐步开发出我们自己的营销渠道，这样才能像苹果于2001年开设自己的连锁零售店那样，更能掌握客户的购物经验。

· 吸引最优秀的人才，留住他们，将他们培养得更加优秀

首席执行官应该花多长时间招募与培训人才呢？公司内关键部门的相应目标各不相同，因此要务在于制订方案，来锁定、招募这些单位所需的高水平人才。不论是新员工培训还是管理领域的重要专业人才的培训，都是方案内容（数十年前，通用电气公司早已将此纳入要务，并成立了克鲁顿维尔人才培训中心，以达成此项目标）。最后，对于高度仰赖关键人才的公司而言，务必将为重要员工提供所需的培训与指导列入优先要务。

一种模式并非适合所有

每个功能、部门、地理区域都有其独一无二的特质。尽管公司应该勾勒出核心愿景，公司上下对关键要务看法一致，但每个部门仍应根据其在公司内的特殊角色，列出适合的愿景与要务。

举例来说，销售部门的要务可能集中在深入客户群、创造优秀销售业绩表现、提供优良服务等事宜。信息部门的要务可能是如何研发出可以让各部门达成其目标的重要技术。生产部门的要务则可能是改善流程、提高产品质量及其他类似事情。

通常公司会建立最重要、基本的要务，再转化为各部门本身的关键要务。大多数公司是通过全体成员都会参与的年度业务发展计划会议，制订出这些要务。

全球化归全球化，要务仍应因地制宜

一家全球性专业服务公司的首席执行官，对自家公司在亚太地区无甚进展感到格外担忧。这家公司前几年在美国大获成功，因此决定了将业务拓展到亚洲地区的策略，就是找出公司在美国得以成功的特质，将其一并带到亚洲地区。

一开始这家公司试着雇用当地人才来领导该区域分公司，但发现此举无法打造出强健的领导团队；后来改从美国外派几位领导者到亚洲，让他们负责亚洲的业务。这个过程举步维艰，其中一个原因是外派的人员通常不想在亚洲待 5 年以上，因此 5 年后公司就要派新人去接替他们的位子。前述问题和其他问题加起来的最终结果，就是这家公司在亚洲的市场渗透率，比其美国公司及各国竞争对手公司都低。

当我们坐下来讨论这些挑战时，我先请这位首席执行官说说对开展亚太地区业务的愿景和要务细节。作为回答，他给我展示了这家公司的全球化要求，并讲到总部会分派给各区域分公司各自的进展表。我随即问道，这些进展表是否应该根据当地文化、商业环境、竞争动态、客户需求等因素做出改变。他答道，鉴于公司在美国本地的成功，他们开展亚洲地区业务的策略就是把美国本土的成功要素全盘搬到亚洲。他认定这是正确的选择。

后来我们一起到亚洲旅行，在旅行那几天中继续讨论这些问题。大概部分原因是由于这趟旅行，这位首席执行官逐渐体会到亚太地区的每个国家都各不相同，而且肯定和美国人不相同。不同的国家、文化之间自然会产生不同的客户需求，而招募方案等方面自然也有所差别。但可惜的是，这家公司先前完全忽视了各国文化差异，因此没能找出适合自己的方法。

在接下来的几个月中，我们继续处理这个问题。这家公司的领导层最后终于得出结论，认为他们需要设计出更贴近各地区文化的计划。他们也了解到公司亟须招募当地人才，培养这些本土人才成为地区领导者。这个培训计划中的重要步骤，是将这些当地人才派往美国工作一至两年，再将他们派回本国接任领导职位。如此一来，亚洲当地人才可以在美国公司的文化氛围中学习，因此也能帮助公司更深入了解亚洲各国文化，更能打入当地客户群，制订适合当地文化的策略，而非生硬地将美国策略搬到亚洲地区。

这些要务大概要花上几年时间才能完成。但这家公司的领导层如今重新树立了信心，认为他们正朝着正确的道路前进，并且成功的概率也大大提升。假若成功达成这些要务，他们就更有可能实现向全球扩展业务的愿景。

传达和再三传达都很重要

一旦你勾勒出愿景，列出特定要务，你就必须传达这些信息，而且要再三传达。

员工和其他重要关系人，都能敏锐察觉到每天公司内外发生的各种变化。这些可能是经济状况的变化、竞争对手的新行动、客户或委托人行为习惯上的重大变化、公司领导层的改变，或是其他无数变量中某一项的改变。

因此，他们自然想知道："我们的愿景仍相同吗？我应该改变正在做的事吗？我能帮什么忙？我会被如何评估呢？如果我在时间紧迫的情况下要做出决定，又不能咨询资深人士，那我该怎么做呢？如果我要做出重大决定，我懂得够多吗？"

我能提供给诸位领导者的强烈建议是，尽管你可能常常觉得已经清晰传达出企业的愿景与要务，但事实上几乎可以确定的是：你传达得还不够，无法将其深植员工心中。

有一家提供专业服务且管理得当的大型公司，不但已勾勒出清晰的愿景，还为各部门列出了切合特定需求的要务清单，高层领导相当自豪。员工调查问卷中反映出员工的高满意度，公司在多个问题中都得到了很高的评价。但有一个明显的例外："你认为你了解自身部门的愿景与要务，以及整个公司的愿景与要务吗？”在这个问题上的得分低得惊人。

尽管与我合作过的公司各有不同，我却目睹同样情景一再上演。通常领导者收到较低评价时满心困惑，为此深感挫败。他们从心底认为，他们已经足够频繁、有力、贯彻始终地传达出愿景和要务了。

那真相到底是什么呢？大部分个案呈现的结果是，领导者做得不够频繁或不够深刻，导致员工无法彻底明白。日常事务往往多而烦琐，但领导者并未针对这些具体事务，以员工能理解的方式帮助他们厘清应该做什么事才能驱使公司前进。仅仅是每年或每季度开一次员工大会，在年度报告上写下简短的介绍，或在公司官网上列出一页统计资料，这样的传达程度当然不够。

面对艰难的变动时刻，信息传达次数就要更多

近几年来经济环境变化频繁，每周、每日甚至每小时都在变化，信息传达不足的负面影响此时格外明显。领导者面临不确定状况时，传达信息的次数自然会减少，这是人性使然。领导者可能会想：“我不确定该说什么好！”但其实备感压力的时刻，恰恰是领导者应该再三传达愿景和要务的重要时机。如果令人烦忧的不确定状况确实存在，那就坦然承认吧。但除了承认以外，还要回到正题，明确表达出此刻你认为员工该做的事。

你的员工可以把公司或部门的愿景与要务背到朗朗上口的程度

吗？用这招试试你的员工吧。如果他们面露疑色，我会鼓励你把传达愿景和要务的次数增加到5倍以上。换句话说，好好把握每一次和员工见面的机会，再次阐明愿景和要务。理想情况下，你要清楚（而且运用肢体语言）地传达你已经准备好面对他们可能提出的任何问题，而你也能够厘清他们的困惑、不确定或是误解。

多少才算够呢？当我身居要职时，我曾半开玩笑地告诉自己，此时严峻的考验在于："多次重复，直到员工开始期待你讲出那句话，好模仿你。"换句话说，你要不断勾勒出愿景和要务，频率高到员工开始说："X先生／小姐过来了，大家赶快启动要务A、B、C！"

除了你自己之外，你还要确保公司的高层领导对他们的直属下属和员工也传达了相同的信息。根据我一路走来的职业生涯经验，我发现把愿景和要务浓缩成几个要点，写在可放进皮夹的小卡片上，相当受用。如此一来，我就能确保全公司上下以特定愿景和相关要务为中心，齐心协力朝着目标前进。

动力与变化

最后一项观察：愿景和要务并非静止不动。要务应该随着特定的挑战与机会而发生变化；但愿景不应该轻易随着风吹草动而更改，就连在非常时期也要保持一致。不过即使是愿景，时间一久，也该重新思量一番。

囊肿性纤维化（Cystic Fibrosis，简称CF）是一种多发于婴儿的罕见遗传性疾病。囊肿性纤维化基金会（Cystic Fibrosis Foundation，简称 CFF）于 50 多年前创立，该基金会以找出囊肿性纤维化疗法为宗旨。当年 CFF 创立时，由于该基金会以寻找治疗方法为愿景，CFF 将焦点集中在募集资金和在美国境内研究 CF 的各种学术机构成立的 CF 研究中心上。

随着 CFF 在研究和疗法上有了一定进展，CF 病人的寿命从仅仅一年延长到超过 30 年，因此该基金会的愿景也随之发生改变。CFF 的焦点不再仅集中于寻求疗法，而且开始致力提升患者的生活质量。募集资金、资助有前景的研究仍是基金会的要务，不过新的要务也产生了：提供专属药房服务，让患者获得恰当的咨询，服用正确的药物。基金会的规模越来越庞大，结构越来越复杂，打造更专业的基金会及管理团队，也成为刻不容缓的要务——这意味着 CFF 要招募高水平的人才，而且要将基金会的重要职责集中化。

在每个发展阶段，CFF 的董事会与首席执行官向来愿意就该基金会的愿景不断辩论、再辩论，他们以此愿景为基础，做出许多艰难的抉择，找出 3~5 项为达成目标必须完成的要务。一次又一次架构、重构的愿景与要务，就是这个非营利机构在募集捐款、研发疗法，以及提高囊肿性纤维化患者的生活质量（与寿命的延长）方面如此成功的重要原因。

重点在于“改变”，以前行得通的做法不一定适用于未来。世界正在以前所未有的速度发生变化，全球化、接踵不断的技术创新及经济周期，要求领导者（以及他们的机构）适应这些变化。除此之外，前所未见的危机也在发生，而一旦危机降临，领导者先前列出的要务就必须做出改变。

危机能重塑要务，使之重新排序

2010 年英国石油公司（BP）严重的石油泄漏事件，使一些相关领导者必须立即修正以往要务。公司首席执行官及其他高层领导不得不重新定位公司的方向，集中精力阻止漏油、清理污染、赔偿被害人，并且传达公司当今的要务与计划。一夜之间，漏油事件的处理凌驾于其他所有要务之上，全公司未来发展的关键全系于此。公司领导层必须重塑要务，而结果的成败将会对公司的声誉与未来产生深远影响。

与此同时，当地政府必须彻底重新分配重要资源，以达成如下要务：（1）清理污染。（2）满足华盛顿当局中支持该州者的要求。同时他们还必须向选民们传达，他们已“控制住”局面。

至于奥巴马总统方面，他刚打完伤痕累累的医保改革之战，手边还有种种要事等着处理，如通过金融改革法案、赢得在阿富汗与伊拉克的战争，以及尝试改善脆弱的经济等。然而出乎意料地，奥巴马政府及内政部必须把处理漏油事件作为当务之急。当下最重要的，莫过于强有力地向全美国人民宣告：政府已将漏油事件当成第一要务。有些人批评奥巴马政府重塑要务的速度过慢，传达重塑要务信息的速度也过慢，因此丧失了宝贵的时间与信誉。

近来经济危机四伏，无数的经理人与非营利机构领导者都必须为自家机构重新定位，以适应变化的大环境。当时，我在哈佛大学的学生包括一大群中小企业的老板兼经理人。2008 年到 2009 年上半年，来我办公室咨询的人络绎不绝；而他们的问题看似不同，实际上都直指同一问题。

他们会这样问："我们的收益减少了 30%，因而需要削减费用，我已经找出了几个不同的方向，但不确定该走哪条路。"

在每个个案中，我都先从讨论、定义他们的独特能力与事业愿景开始。我们会相互辩论，争论这些独特能力是否仍存在。有些个案的领导者会发现，他的公司实际上只有一到两项关键能力，但先前在经济繁荣时期，他们所追求的事业却需要三到四项关键能力。他们了解到必须面对现实，看清自己真正擅长的是什么；减少他们不可能长期保持优势的领域；必要时需要改变愿景，重塑他们想要追求的要务。

这种重新定位的练习时有发生，不同产业、不同地区皆会出现。愿意面对现实的公司，在重整架构、重新聚焦于核心能力后，存活下来的概率会出人意料地大幅增加。一旦熬过这段时期，这些公司将走得更加稳健。至于没能这样做的公司，则会错失关键机会，最终自身难保。

经济衰退会逼着你不得不做这个练习。但即便如此，你也不应该等到危机来了，才开始进行上述分析，更新愿景和要务。我常常运用这个比喻：有个中年男子知道他已经超重 50 磅[①]，他应该等到心脏病发作再去改善身体状况吗？当然不是！尽管危机是很宝贵的前进动力，但若等到那时才开始采取行动，可能已经回天乏术了。同理，机构不应该等到严峻考验出现时，才开始采取行动。

危机通常从看似安全、稳定而有利可图的时期就悄悄埋下了种子。换句话说，尽管危机似乎都来得很突然，其实它早已潜伏数年，并悄悄地发展。而大多数危机之所以出现，都是因为人们未能面对现实，及时更新愿景与关键要务。你想在恰好的时机抢先出击，就要趁早接触上述问题，这样就可以冷静谨慎地把问题彻头彻尾地反复思量清楚，而不必等到沉重压力来袭时才做出决定。

重要基石：要紧的事先做

愿景与其相关要务，是本书后续章节不可或缺的组成部分，而且从缔造成功事业的角度来看，本章远比后续章节重要得多。打好根基，当你读到接下来几章中的概念与想法时，就会更清楚该如何将其化为行动。换句话说，在你回答得出本书大多数问题前，得先知道你要去哪里才行。

领导层有时会低估谨慎打造根基的重要性，他们反而会错误地认为有“一劳永逸”的做法就够了。他们往往会在讨论一开始时说

---

① 1 磅约为 0.45 千克。——编者注

道："我已经做到这一点了，我们就直接谈更急迫的议题吧。"这种个案众多，而我通常会回答："如果你不先处理好这个问题，我不认为你有能力处理其他更急迫的问题。我看不出你想要把这个团队带向哪里，而且我深刻感觉到你的员工也看不出来。没有比这个更急迫的了，抄近路也无法解决这个问题。"

为什么呢？因为将清楚勾勒出的愿景转化为具体而有力的要务，才是集众人之力完成大事的必备要素。相反，少了这层基石，即使是一群能力卓绝的人才也会受到限制；原本应该成就非凡的公司，也可能因此无法大展宏图。

建议后续步骤

1. 用 3~4 句话，写下对你的企业或部门的清晰愿景（如果本章之前提到的练习有用的话，就将它派上用场吧）。
2. 列出实现愿景不可或缺的 3~5 项关键要务。这些是为了让你成功达到目标，务必要表现相当出色的任务（如果你很难把要务减缩到 3~5 项，用本章之前提到的"系列一、系列二、系列三"方法）。
3. 问问自己，这幅愿景（及要务）是否足够清晰易懂。此外，问问自己传达愿景和要务的频率是否够高，高到你的重要关系人（如直属下属和员工）都能够对你复述出来。和你的重要员工谈谈，看他们能不能充分了解愿景与要务，以及是否能用自己的话复述一次。

4. 找个合适的场合与机会，好好传达、重复及讨论愿景和要务。此外，留点儿问答时间。
5. 找个非工作场合，让你领导的团队聚在一起，针对愿景和要务好好辩论一番。特别要注意，愿景与要务是否仍能契合当今的竞争环境、全球变化与事业需求。利用这个机会更新你的愿景与要务，确保你的高层领导团队看法一致。

第二章　时间管理

根据愿景和要务分配时间。

你知道自己是怎么利用时间的吗？

这种利用方式与你的关键要务相符吗？

当领导者进退维谷时，他们利用时间的方式经常难以和业务上最迫切的需求相互匹配，而这通常会导致真正重要的方案没得到足够重视，整家公司的运作逐渐偏离正轨。即使领导者还没意识到问题主因正是他利用时间的方式有误，当公司陷入这种状况时，通常也会出现明显的征兆。如果要成为一位杰出的领导者，你必须基于愿景与要务，形成你利用时间的方式。

领导者之所以无法察觉他们利用时间的方式有误，有几个原因。首先，他们整天忙于每日的大小事件与危机处理，很容易忘记自己是如何利用时间的；其次，很多领导者尚未运用前一章所推荐的方法，明确找出最重要的

3~5 项要务，因此也无法按照要务分配所需精力。这些领导者可能感觉到自己利用时间的方式不够高效，但他们通常不确定要怎么做才能更明智地利用时间。此外，出于诸多原因，许多领导者很难回绝各种占据他们时间的要求，因此，他们只能被动地由众多人和事来选择如何花费他们的精力。

本章目标如下：首先，要强调并提醒你的是，你的时间就是你最珍稀的资产，因此在分配时间时，你要将这个事实铭记于心。这从设计出衡量你如何利用时间的方法开始。一旦你完成这一步骤，接下来就是将衡量结果与你提炼出的关键要务进行比较。我们将会探索多种方法，找出可以帮助你更有效完成要务的方式，并帮助你将时间表组织得更完整，以便进一步完成重要方案。

本章的后半部分将讨论到，领导者分配时间的方式对员工和其他重要关系人而言是个重要信号。这攸关从整个组织到大小各部门，大家到底该把哪种活动视作真正重要的。此外，我们会仔细检视建立系列流程的重要性，确保你的员工都能有效管理自己的时间，以完成关键要务。最后，我会要求你思考在上述努力过程中面对问题、克服障碍的重要性。

时间最宝贵

你和员工的时间，就是你最重要的资产；这是一项有限资产，一旦用完了，就没办法补充。当然其他资产也很重要，它们关系到事业的成功与否，例如：财务资源、加盟资产、不动产和其他资产等。然而，你能否有效运用这些资产，继而创造出价值，在相当大的程度上取决于你与你的员工能否明智地利用时间。

尽管许多商业领导者——从年轻专业人士到高级主管——都强烈同意上述观点，但他们实际上都不知道自己是怎么利用时间的。试着回想一下你上周是怎么利用时间的吧。如果我让你用任务类别来将你的时间分门别类，你有办法做出一份比较精确的记录吗？

现在想象一下，我要求你仔细说明你上个月是怎么花掉几千美元的，你可以给出一个比较准确的答案吗？我敢打赌，不论你收入多少，你一定会说“可以”！最可能的答案是，你在花钱之前就已经很审慎地思量过了。你绝不会因为那一周很忙碌，就任由自己被事情牵连而随意花了那些钱。你很可能已记录下这笔花费，说不定之后还记录了你对这笔开支的结果满意度或开支带来的影响。

这笔开支对你而言可能很重要，而你的行动也印证了那笔开支的重要性。但事实上，你的时间和你的金钱一样重要，说不定前者还更重要呢！因此你需要调整一下心态，确保你可以用同样的态度来对待时间。

计划、追踪并评估时间

如果你怀疑自己在虚耗宝贵的时间，接下来有个很有效的步骤，那就是设计出一套分析流程来系统地追踪时间。我相信这套方法不论是对年轻的专业人士、崭露头角的领导者，还是对高层领导都适用。以下是个简单但很有效的练习，我自己这么做过，也曾推荐给许多专业人士：连续两周时间，用电子表格记录下你工作时间的每小时在做什么。接着采用与你每日工作内容相关的分类法，将时间分门别类。也许你想要试用一天看看，以归纳出正确的行动分类，例如：

规划策略

联络客户（包括书面形式、面对面或打电话）

其他销售与市场方面

与投资人、董事会相互交流

与媒体打交道

监督直属下属的工作（包括培训、指导、回顾）

四处走动，管理事务（办公室或生产部门楼层）

竞争力分析

招募人才

创新（产品、流程或其他事项）

与员工沟通 / 交流（开会、演讲等）

编制预算

复核费用，包括差旅费及费用报告

制作自己的时间表

其他管理事务

不要把时间重复计入不同项目，选择其中一个项目就好（你的目标是制作出一份清晰易懂的时间利用记录，为求简单，选择哪个项目是无关紧要的）。两周后，也就是10个工作日后，将记录中的所有小时数加起来。如果你认为百分比更清楚的话，也可以将数据简化成百分比图。

当我亲自做完这一整套练习，以及后来要求其他领导者也跟着做时，得到的反应通常都一样：大家对于结果惊讶不已，甚至十分震惊。为什么呢？通常，大家对结果都很沮丧，因为他们发现自己花上大把时间所做的事，对追求成功职业生涯、成功企业这些目标来说都不是最关键的。

说“好”的代价

一旦你对目前分配时间的方式做出了有效评估，自然想要了解，为何你根本没有好好利用时间。你需要自省，拆解分析一下你的时间，检视塞满平常日子的种种事件与混乱。我们都知道领导者的生活可以说是纷乱失序，事情不会照着你希望的顺序发生，而一旦发生了，你就必须做出回应：有人不请自来，提出问题希望你帮忙解决，而你也不愿拒绝对方；你眼见事态发展令你忧心，尽管已经授权他人处理了，却仍决定亲自操刀，开始四处打探状况、问东问西；甚至当你已接下这份没列入清单的工作了，电话又响起来，是其他部门的同事希望你表达对某个特定状况的看法，他不知道还能问谁，而且他很希望你可以参与决策。

这些时刻，有很多看似激励人心的参与理由，比如“被需要的感觉真好”。真好，如果你确信，也很笃定可以亲自处理的话，情况会更好，那么有人来向你咨询意见的感觉会很好。你怕一旦说了“不”字，这些人就不会这么频繁地来问你问题，而且会认为你对他们的帮助不大。也许你会被当成没那么重要、能力不够强或不太相干的人。

但很不幸的是，对这些要求说“好”却要以付出你的时间作为代价。如果这项工作是其他人都可以完成的事，并将你拖离你真正应该费尽心思，而且只有你能完成的大事，那代价可就大了。这个代价，就是耽误整个组织真正需要你去做的大事。

例如，有一家中型制造公司的首席执行官感到很沮丧，因为他每周工作达 70 个小时，身体都快超负荷了。他感觉自己快要窒息了，但就是赶不上工作进度。他的家庭生活每况愈下，而在工作上，他又无暇和他的员工及重要客户讨论重大方案。

从结果来看，大家似乎都对他颇有怨言，包括他的妻子、家人和员工。他深感困扰，跟我说：“我到底哪里做错了？我一辈子费尽心血，才打造出现在这个规模的公司与市场表现，我认为成功的人生应该要比现在有趣得多！”

这些话在你听起来是不是很熟悉呢？如果是的话，你一点儿也不孤单。虽然让人惊讶，这却是一种非常普遍的情形。

我们讨论了他的事业愿景与要务后，我让他分析一下自己一周内通常如何利用时间。他想了一两分钟，承认自己不太确定是怎么用的。我们彼此达成一致，他回去花时间分析一番、好好思考后再同我见面。随后，他开始做前面的练习，写下那一周每小时的工作内容。

当我们下次再见面时，他给我分析了他的记录结果。当他检视他的时间分类时，我们都发现他在一周内将超过 12 小时的时间花在“费用管理”这个项目上。我问他那具体是指什么，心中猜测可能是减少成本或改善流程所用的时间。他解释道，公司里所有超过 1 000 美元的支出都需要经过他核准。我让他解释一下为什么要这样做，因为这家公司的营业收入已经差不多达到 5 亿美元了。他答道：“嗯，我们的事业刚起步的那几年，年营业收入低于 500 万美元，而且当时公司还在持续亏损中。我们像老鹰一般敏锐地监视每分钱的去向，而每一笔支出都由我亲自核准。后来公司规模逐渐扩大，但我们仍认为保持以往严格的支出管理制度很重要。”

我问他，难道没有其他解决方法吗？例如，难道他不能将这份工作的大部分内容授权他的下属来做，而自己只审核超过 5 万或 10 万美元的支出吗？

他试图解释为什么连部分工作都没有授权给其他人，但随着我们继续讨论，他发现根本没有什么有力的理由：这不过就是他们一贯的做法罢了。他也承认，如果他能授权他人核准额度在 5 万美元以下的经常性业务支出，那他每周就多了 10 个小时可以分配，那可是大量的时间！他呵呵笑道：“我现在不认为委托别人核准支出很不合理，因为如此一来，我就能当个更高效的首席执行官、丈夫及父亲了。”

他重新调整时间安排，持续追踪他的时间利用方式，让他的时间和关键要务搭配得更加紧密。几个月后，他告诉我，他的状况有了很大改观，而且有进步的不只是核准支出的那部分。他也发现自己更有空面对重大挑战，同时拒绝处理可以交由别人去做的事情。他感到自己做事越来越有效率了，而且面对公事也越来越有活力。另外，还有一项同等重要的进展：他终于又能在正常下班时间回家了。

时间与要务的匹配

一旦你追踪、评估时间的能力提高了，下一步就是如何更明确地将时间与要务匹配起来。如果领导层未能善用他们的时间，通常是因为他们还没有充分考虑并找出公司或部门的关键要务。为了更精确地分配时间，他们应该先退一步，挑选出最重要的方案，然后再将时间和要务匹配起来。

而在其他情形中，有时则是领导层经过了一番深思熟虑，仔细选出了他们的要务，却未能正确利用时间以完成这些经过审慎思量的计划。

将待办事件分门别类

一家中型制造公司的首席执行官找到我，那时的工作让他感到十分沮丧。他的公司业绩与竞争对手相比似乎在走下坡路，开创事业困难重重，他感到自己快要被压垮了。在克服困难的过程中，他变得异常焦虑。因此他参加了哈佛商学院举办的为期一周的课程，希望能找到答案。一天下午，他在上课前来到我的办公室，希望能听听我的意见，看看是哪里出了问题。

我们坐了下来，他开始谈起公司在市场竞争中的定位，自言自语地说出了他认为导致公司业绩下滑的几种可能。是他的员工不能胜任工作吗？或者他选错人了？是公司的策略规划有问题吗？他一一想过各种可能之后，终于道出了他内心真正的恐惧：也许他不是一个能干的领导者。他担心自己不能胜任领导工作。

他最后问我："你认为领导者是天生的，还是可以后天培养的？如果是可以后天培养的，你认为我能学会成为一个好领导吗？"

随后我们开始讨论公司的愿景与要务，这一点他做得很好，因为他这些年来都很仔细地思考过这些问题。我接着让他说说他利用时间的方式。他一开口，我就不需要再多说什么了。他没说多久，就说到自己每年都会亲自处理二十几位员工的人事评估。此外，他还身兼销售经理一职，因为他很喜欢完成大大小小销售目标的速度感。他还负责管理所有的助理和行政部门，这些人加起来超过300位。

尽管他做这些工作非常得心应手，但同时却无暇思考策略、分析竞争力，因此备感压力。他认为这件事很重要，因为有两个主要竞争对手最近合并为一家公司了，这个产业内的变动必然会大幅挑战该公司对客户的价值定位策略。他的直属下属最近一直向他施压，让他好好考虑这件事，但他无论如何都腾不出时间。

我请他做下面的练习。我建议他列出利用时间的方式，然后把每周的每个小时逐一划分到这些任务分类中。此外，我还提出了另一项挑战：他要将这些分类放入下列三栏中的某一栏。第一栏是只有他能做到，而且是全公司为了达成关键要务必须首先完成的任务；第二栏也是重要任务（基于关键要务而产生的），但至少有部分工作可交由别人去完成；第三栏则是不太重要，应该交给公司其他人去完成的任务。

他给出了真实的时间记录后，我们开始讨论他究竟将时间花在了哪些工作上。比如，他写了“处理行政员工事务”，并标记在第三栏中，而这项工作每周花了他 7 小时；“处理小客户销售来电”每周则花去 10 小时，而且也被标记在第三栏（说实话，公司并不需要他去处理这些来电）；“处理 24 位员工的人事评估”在整个季度共花了 45 小时，其中有半数被标记在第一或第二栏，其余则放在第三栏。我们继续讨论其他各分类项目，直到我们厘清他所有的时间用在哪里为止。

看到这份白纸黑字的分析后，他立刻下定决心要将第三栏的工作分派出去，并仔细检视第二栏中哪些工作必须亲力亲为；此外，他也了解到他应该多花点儿时间做好第一栏内的工作。这份简单的矩阵表让他终于明白自己一直以来未能充分具有战略性、纪律性地利用时间。他花了许多时间与精力去处理没那么重要的事情，却没空面对只有他能迎接的重要挑战！他也意识到不论他的领导天赋怎样，很多领导习惯都是可以通过后天学习而形成的，他必须学习将注意力集中于更重要的工作上，并将其余工作授权给他人去做。

6个月后，他打电话告诉我，他重新分配时间之后，情况大有改善。他更潜心思索公司的竞争力定位，并得出结论，认为该公司应该与其中一个竞争对手合并。这是一个艰难的决定，但他认为这关系到公司未来的福祉。若他未能专注于思索，就无法做出这个决定。

打破利用时间的方式

随着时间的推移，每个人都会不知不觉地变得行事草率，管理时间的方式也会越来越随便。这就要求我们必须定期后退一步，仔细检视时间分配方式。

我和其他人一样，做这个练习时也会感到心虚。当年我30出头，第一次做这个练习时，我发现我一周要花上5个小时来制订时间表。那时还没有人发明时间管理软件，因此我花了很长时间打电话，只是想从一周内抽出一天，或一天内抽出一小时，让某个部门的一群同事可以聚在一起开个会。对话大概是："周三呢？下午两点如何？不行吗？那周四下午3点呢？好，先暂定这个时间，我和琼、汤姆和萨姆确认后再打电话给你。"

这项活动除了令我分心、备感挫折之外，根本称不上是善用5小时的方法。更糟糕的是，其实我的助理没有我的指导也能做好这件事，而且还能做得比我更好。耽搁了这么久之后，我终于去找我的助理："桑迪，从现在开始你负责帮我规划时间表。任何人要跟我约时间见面的话，我会尽可能转给你处理。"真是一种解脱啊，而且省下了多少时间啊！只不过过了一个晚上，我的思绪就更清楚了，也更能集中精力思考其他要务。

身为经理人或领导者，或者说生而为"人"，我们往往会按照常规行事。我们进入一家一开始规模很小的公司，因此每项任务看起来都无比重要，而且如果由我们来做的话，都可以做得更好。随着公司逐渐发展壮大，我们的职位得到晋升，我们的时间也越来越珍贵、稀有；然而，我们却没有仔细思索，哪些任务是我们该亲力亲为的重要任务，哪些则应该分派给他人（进一步讨论可见第四章）。

我们紧抓着旧有的习惯和流程不放，甚至久到这些习惯与流程对我们和公司都不再有意义了，却仍然坚持保持原状。这些习惯可能在以前很管用，但现在只会起到适得其反的效果。我们必须摒弃这些旧习，并努力建立起新的习惯。

领导者的时间管理及其效应

我常常会请个案中的领导者做时间跟踪练习。之后我会让他们比较一下，他们实际上利用时间的方式，与他们为了追求事业而花在要务上的时间（见前一章），两者之间有何差异。果不其然，只要是认为自己心力交瘁的领导者，无论年轻还是年老，都发现两者在匹配方面出了重大差错。

匹配错误的代价是什么呢？首先，最显而易见的是领导者在推动公司要务时，没有表现出他应有的高效。更糟糕的是，就像我们在下一章将要谈到的，领导者应当是整个组织上下的模范，如果他们没有将时间花在要务上，便会传达出一种强烈的信息：领导者自己并不相信这些要务的重要性。从整个组织的角度来看，这种行为对于企业来说就像一服毒药。

你利用时间的方式，正说明了你所坚信的东西，也道出了你希望组织去做些什么。例如，假如你将“拉近与重要客户的关系”列为关键要务，你就必须用行动证明你所言不虚。如果你一直没空响应他人关于重要客户关系的要求，你的行为就会向全公司传达出：其实这也不算什么要务；或是你认为这对员工而言是要务，但不是你这个职位的人应当操心的事情。更有甚者，你还传达出这样的信息：员工错过对重要客户的拜访也没关系，或者错过一单生意没什么大不了的，或者本公司员工也可以对客户怠慢点儿。

这对公司文化和要务都会产生深远影响，而且关乎公司事业的成败。

回想一下，上一次你的上司要求你去做他显然不愿意去做的事情的时候。你对待这个要求有多重视呢？整个组织对待这个要求有多重视呢？

我在一家专业服务公司成长起来。我们确定：吸引、聘请与培养优秀人才是全公司的要务。当年我作为一个基层员工对一事印象深刻：公司的高层领导，仍愿意定期面试新人与参加招聘活动。我从他们身上学到，再也没有比招聘与培养人才更重要的事情了。

当我自己成为高层领导时，我也努力安排出相当多的时间参与上述活动。我的行动比我所发表过的任何一次演说都更具说服力，而公司全体员工也因此更加卖力工作，使公司变得更强大。我从中学到，全公司上下无时无刻不在仔细观察你的行为，大家想发现清晰正面的信息，了解什么才是对公司真正有价值的事物。而身为领导者，你利用时间的方式便时时刻刻传达出这种强烈信息。

领导者的矛盾信息

有一家正在快速成长的工业产品公司，其首席执行官对于完成他手边一件要务感到心力交瘁。先说说公司背景，这位首席执行官的父亲是公司的创办人，而首席执行官本人则是这个家族企业的第二代领导者。这家公司刚创立时，主要是生产一种对客户公司生产流程很重要的机床。数年下来，这家公司已经发展出多条不同的产品线，最近几年来已开始为客户提供量身定做的机床产品，使该公司相对于竞争者具有更多差异化优势。

根据这项政策，随之而来的重大要务是加深了解客户的需求。要务内容包括对客户的整体业务策略有更深刻的了解，以及该公司的生产流程应如何改进，以满足终端客户的需求。反过来，这意味着要提升公司销售团队人员的素质，并为他们提供更多技术支持（因为他们必须身兼顾问与业务二职）。但问题出现了：公司员工对于领导层承诺要实行这项政策一事，表现出极其怀疑的态度。

这位首席执行官针对这个主题发表过几次演说，但怀疑声浪不断，为此他深感挫败。当他来找我讨论这种情形时，我问他自己的时间利用状况如何。就像通常的案例一样，他一时也想不出答案。后来他花了一周跟踪自己的时间去向，向我汇报时说他很惊讶地发现，原来他花了很多时间在行政事务及一条已亏损的产品生产线上，后者是公司创立时遗留的核心产品。

问题出在哪儿呢？原来，这位首席执行官把大部分精力都花在非公司要务的事情上了。更糟糕的是，他为了挽救公司遗留的事业已耗费过多精力，而这份“遗产”其实已经走到了亏损或不能再盈利的地步，这暗示着首席执行官被自己的多愁善感牵着鼻子走了，而非按照商业逻辑行事。经过这番思索，他意识到自己得加倍地守纪律，才能扮演好领导者与公司模范的角色。

他立刻开始鞭策自己，将许多被归类到系列二与系列三的工作分派给其他人；同时他要求一位亲信下属开始思考如何处理公司遗留事业，实在不行的话就关闭该条产品线；此外，他也大量增加外出与重要客户洽谈的时间。这些转变对他的员工来说，传达出一种相当有力且鼓舞人心的信息。

做出这些改变后，首席执行官说公司在更了解客户这方面有了相当大的进展，而他亲自前去与客户洽谈，这种行为也激励了销售人员，因此他们愿意配合新的客户管理政策。首席执行官因此对公司的策略定位感到更有信心了，工作起来也更加如鱼得水。

将时间与要务匹配起来，对你而言应该是一项持续不断的练习。这个练习会帮助你分清楚哪些事情应该分派出去，而哪些事情该由自己来做。在许多场合中，这个练习能赋予你敢于说“不”的勇气，拒绝不适合你的要求；同时，你还能借此厘清哪些情况是你确实应该插手干预的（不论有没有人问，你都要去做）。此外，经过这番取舍，你的员工也学会了自主完成许多任务，而不再是带着可自行解决的问题前来求助于你；你将从中得到解脱，得以将时间分配给最需要你出手的任务。

我再说一次，最佳测试方法就是问问你自己：“公司里其他人也可以完成这项任务吗？”如果答案是肯定的，那你就不应该去做。你应该多花时间在那些需要你亲自参与的事情上，不论是找出决策方向、做出重要决策、指导高层领导或重新思索策略。

这份工作适合我吗?

本小节最后一个想法：这个时间分配练习，只有当你对自己诚实的时候才有意义。你在评估练习结果时，必须非常诚实，甚至诚实到有点儿无情才行。在我合作过的当事人中，有些人最后会坦诚地说，他们对于一直在做的工作保有某种积极性，而且乐在其中；然而这项工作其实已不再契合他们目前的工作内容，或已不再符合公司当前的需求了。

这当然可以理解。但是，如果你的公司要务与你的职业兴趣无法保持一致，你可能做错工作了。如果你真的做错工作了，那就好好面对这个挑战吧。你可以重写一份理想职位描述，也许你需要在公司内部寻找一份新工作，甚至到公司外发展。

同样的道理，当你在找新工作或公司给你提供新的职位时，你应该问问：如果要在这个职位上表现得足够优秀，其中3~5项需要你集中精力处理的关键任务是什么？你是否喜欢这些任务？

从另一个角度来看，一家成功的公司之所以成功，就是因为它懂得将其重要领导职位，与员工的技能和热情合适地匹配在一起。匹配正确，不仅能帮助员工走向成功的职业生涯，也能全面发挥公司本身的潜力。

给员工的管理练习

近来，我有幸与一位首席执行官相处了一段时间，对方任职于一家经营良好的医疗服务公司。多年来的职业经验，让他学会了如何将自己的时间与公司要务匹配起来。

此外，他还进展到下一阶段：指导他的高级经理做同样的时间分配练习，确保他们也能紧密结合自己的时间与要务。这家公司面临要务变革时，能不慌不乱地反复调整时间来配合要务，很大程度上缘于领导层遵守这个规则。

这个练习相当好。你应该请你的员工也一起来做这个练习，试着匹配好自己的时间与要务。他们可借此看清哪种任务很重要，了解如何利用自己的时间。通过这个练习，就能区别出哪种活动很重要，哪种活动“做了也不错”，而哪些活动其实会起到适得其反的效果。从结果便可看出哪里需要裁减资源与人力，而哪些地方正好相反，需要增加资源与人力。

时间分配练习，除了能配置资源，也能为指导员工打下坚实的基础，让员工平日里就能接受充分的指导，而到了年终，你就能根据他们平日的表现打出实在的评估分数。这么一来，员工再也不用苦苦思索你的关键要务究竟是什么、时间又该怎么分配，因为你平日里就已经明确表达过了。

时间配置要保持动态

事物会发生变化，这常常是我们遇上麻烦（或遇到新契机）的原因。几乎可以肯定你会遇到外部环境的变化。大多数行业都是有周期的，而你可能会受制其中。多数产品线历经周期后最终会成熟，你的产品可能会被商品化，也可能面临专利的使用到期等问题。

数十年来，我们眼见航空公司、制药厂、金融服务公司、保险公司、汽车制造商及其他无数行业，因为外部规范的改变、国际竞争对手的兴起、消费者喜好的转变等根本变化，而被迫做出改变来适应新环境。此时，高层领导不得不随着改变而调整愿景、重建要务，并重新分配时间。

除此之外，你从事的行业可能会经历季节性变化，因此你要在旺季时趁热打铁，而在淡季时蓄势待发。许多零售业都是这种季节性变化的典型实例。比如，珠宝行业在情人节与圣诞节前一两个月是旺季，这几个月的重点即是服务客户、产品促销、交付特殊库存商品，热门分店还要招募额外人手；当淡季来临时，领导层通常会集中精力催收应收账款、研发下一年度的产品设计，并举行拍卖以出清销路较差的商品。

简而言之，这就是商业的普遍规律：公司和产业环境都会发生改变，若不能适应改变，就只有失败一途。领导者的情况与之相似：如果想在变革中生存下来并繁荣发展，他们就必须重新评估并改变他们运用时间的方式。

此处重点在于，时间分配需要定期练习，因此你必须定期自问，平日是如何分配时间的。正如你会定期后退一步、仔细检视重大投资决策一样，你也要公正客观地回顾你投资时间的方式。

正视并克服脱节问题

这一章是否让你产生了共鸣？

也许你对时间管理早就做得尽善尽美，也许你很了解跟着行业的脚步走，在不同阶段、不同季节根据要务改变运用时间的方式。

然而，也许你坚信你就是没空练习什么时间匹配。如果你真的这样想，我建议你该转变想法了。我在多次讨论中，不时彬彬有礼地听着多个公司高管对我说这样的话：“听着，我就是没有时间做这些练习，因为我太忙了！”对他们而言，这个练习似乎与他们的职责分离，再不然就是对职责无关紧要。他们无法看清楚，自己经历的混乱多半是由于未能分析自己运用时间的方式、列出要务及适当匹配时间与要务。

同时，上述这些领导层中有许多人也会抱怨，使自己或公司事业保持成功有多么艰辛，或找出新的成功之道又有多么困难。

当这些心力交瘁的经理人需要做与想要做的事情之间脱节时，我通常会建议他们重新思索本章中的议题。我也会建议他们放个假，或是用其他方法远离工作场所，从不同的角度看待生活。有些人会十分抗拒，坚称他们就是没空。但我会坚持己见："你拼命抗拒职场上的混乱，却不断失败，难道这不是事实吗？为什么你这么不开心？为什么你会觉得很沮丧呢？这些明明就是你可以完成的工作，而且你还是老板，你明明就有能力做出你希望看到的改变！”

许多年前，我读了史蒂芬·柯维（Steven Covey）的著作《高效能人士的七个习惯》（*The Seven Habits of Highly Effective People*），其中介绍了一个“2 × 2”的时间管理矩阵图，精确呈现出了这种困境的本质。柯维所做的图中，其中一轴是“紧急度”（从高到低），另外一轴则是“重要度”（从重要到不重要）。矩阵图中的最有效点，分别是“紧急且重要”及“重要但不紧急”这两个象限，其余的不过是令人分神的事情罢了，有些事只会浪费时间。

为什么这些聪明老练的人还会坚持在矩阵图中的错误象限逗留呢？那里只有令人分神或浪费时间的事情而已！经过多年思索，我观察到两种普遍现象：

• 我们很难说“不”的理由可能令人钦佩。

面对每天工作中四处涌来的询问及要求，我们实在很难开口说“不”。为什么呢？部分原因是由于我们从小就被教导要乐于助人（回想童子军要宣誓的6项特质吧：可信、忠诚、乐于助人、友好、有礼貌、善良，这些要求做起来可是会做过头的）。而且坦白地说，包括我在内的很多人都很乐于应他人要求参与各项事务。应他人要求表示你身上有值得他人钦佩之处，而且他们认为你的加入有助于他们解决问题。这些都是让开口说“不”难上加难的理由，甚至我们明知应该说“不”，却难以说出口。

• 即使被要求的理由并不那么令人钦佩，我们还是很难说“不”。

也许我们都是控制狂，无法置身事外，或者一插手就无法抽身。我们没办法放心地将事情授权他人去做，可能是由于我们不信任我们的员工，或是我们根本不相信自己。我在金融业工作时遇到过许多同事，他们深信为了顺利完成某一特定工作，自己非亲自参与不可。

一路走来，我发现了一个多数时候都很管用的宝贵技巧，那就是将我的3~5项要务写在一张纸上。内容通常是公司整体的几项要务，以及一项以上的个人职业生涯发展要务（例如花更多时间用心倾听或是指导下属）。我把这张纸钉在办公室的墙上，这样一来便能天天看到它。当其他人来到我房间，要求我做某事时，我会在做决定前先往墙壁那儿看看。

试试这个方法吧。还有，在你答应别人的要求之前，先问问你自己以下问题，看你是否应该：

- 参与他人事务，明知道这样一来你能专注在要务上的时间就减少了，而且很可能会让你忙不过来。
- 拒绝参与，并建议来访者试着自行解决问题。如果他不能自行解决，随时可以回来向你寻求帮助。
- 拒绝参与，但向来访者推荐其他可能有能力解决问题的同事（如果这位同事刚好是你的直接下属，那这正好是你练习授权的时刻，而这也是我们接下来的讨论主题）。

这里没有所谓的“正确”答案，但正如上述清单给出的建议，你多说几次“不”还是比较明智的。不仅一开始感觉不好，而且你恐怕永远也不会感觉良好，但这是培养领导力原则中必要的一环。

你也应该用这样的态度来看待自己的日程表。看看上面写的每个待办事项，接着问问自己：为什么这个项目会被写在这里？我真的需要去做吗？我还能在这份日程表中挤出点儿时间，留给我的关键要务吗？

正如本书中的多数主题，时间管理对你“当下”而言的重要性可能远比 10 年前或 10 年后都要高。如果你确信自己目前已能有效管理你的时间，你的下属也能有效管理自己的时间，而且你们都将时间与公司要务做了明智搭配，成为全公司员工的有效典范，那么你应该自信满满地直奔第三章。

另一方面，如果本章主题引起了你的共鸣，那么就多花点儿时间好好思考一下吧。花点儿时间做做本章中的练习。

本书接下来的章节所介绍的议题与责任，将会要求你慎重付出更多时间。因此，你需要先处理好本章中的议题，找出更多可支配的时间，才能担负起接下来将要介绍的责任，成为一位更有效的领导者。

建议后续步骤

1. 连续跟踪两周你的时间去向，将结果简化成几个主要分类。
2. 将上述分类与你所列的 3~5 项要务做比较，两者是相互匹配，还是匹配错误？将匹配得宜和匹配错误的分类列成清单，并写出后者有哪些是次要的工作。这些工作可以授权给他人去完成，也可能根本就不应该做。
3. 制订出一套对付错误匹配的行动计划。比如，将其他人也可轻易完成的工作授权给他人去做。事前先确定好，要拒绝哪些与你的关键要务不符的要求。
4. 数月后，重复一次步骤 1~3。评估一下，如今你在运用时间和处理要务方面是否做得更好。
5. 鼓励你的下属也执行前述步骤。

哈佛商学院最受欢迎的领导课

What to Ask the Person in the Mirror

Critical Questions for Becoming a More Effective Leader and Reaching Your Potential

第三章 给予反馈，接受反馈

高效的领导者不但本身就是好教练，
同时也会主动为自己寻找教练。

你会主动当下属的教练，培养重要下属吗？

你的反馈意见是否具体、及时、可执行？

你有没有从你的重要下属那里获得过可执行的反馈意见呢？

你有没有培养出一些敢于提出你可能不想听的建言的顾问？

很多领导者都会宣称，培养人才是公司成功与否的关键。尽管说得很对，但现实生活中许多公司及其领导者在这方面的表现都很差。失败的原因可以归结为下列几个重要问题。首先，大家常常混淆了指导与评估两种不同的制度。很多领导者会等到年终评估时才“首次”给予下属该有的指导。与此同时，由于评估流程耗费了很长时间，以至不断拖延早就该给予的指导，因此被指导对象听到年终评估结果时往往感到惊讶、困惑甚至沮丧。其次，尽管给予反馈的重要性常被拿来讨论，许多领导者仍旧不擅长反馈，因此无法坦然地给出及时、有建设性而且可执行的反馈意见。

此外，随着领导者的职位越来越高，可能会发现身边可以当他教练的人越来越罕见了，这让原本的问题变得更加复杂。此时，他们的上司已不再密切关注他们的工作表现了。因此，这些领导者说不定比他们手下的员工都还渴求反馈意见。

接受教练挑战

有效反馈与人才评估，都是绩效管理的重要课题，也是实现愿景的必经步骤。不论是在商学院、高管培训课程还是商业媒体报道中，这个话题都引起了热烈讨论。这番重视有其道理：大部分成功企业的秘诀，在于吸引、招募、培训专业人才，并带领这些人才达成企业的重要目标。为了做到这一点，你需要建立起有效的教练制度及人才评估流程。

公司都了解评估人才的重要性，并且大多数也已建立了评估系统。然而很少有公司强调指导员工的重要性：集中培训员工，帮助员工进步，并加速他们在公司的发展脚步。本章中部分篇幅将处理这个重要议题。

稍后，我们在本章中将讨论领导层应如何得到给自己的反馈意见。尽管大多数领导者都知道该给予员工指导，却很少有人会了解，自己原来也需要主动寻求反馈意见；换句话说，我认为领导者应该勇于接受这个挑战，主动出击，征询其他人对自己工作表现的评价。许多领导者对于此事感到不确定，而且往往表现得很被动。

此外，我们在本章中还会讨论：何谓有效反馈的构成要素；在成为杰出教练的道路上，如何发现、克服障碍；领导层不论职位高低，都应该培养有能力的基层教练，以及该如何培养基层教练。最后，我们会谈到如何培养具有企业主人翁意识、主动学习的企业文化，全体员工（不论什么职位）都会在这种氛围中了解到，获取反馈意见是他们每个人的工作，而为了得到有效反馈，人人都有责任扫除前方障碍。

反馈意见：强有力的管理工具

我们先假定你已经清晰勾勒出公司愿景，也列出了相关要务。接着，你重新分配了工作时间，现在你更能集中精力思考前述要务，而且你鼓励下属也做同样的分配练习。在这一系列活动中，“意见反馈”该放在哪呢？其实，意见反馈是驱动员工执行要务最有力的一种管理方法，它能够巩固企业要务，而且能够团结众人的力量，达成公司目标。

所谓“教练制”，我的定义是“将指导对象的优势及弱点各找出两三个，并确立能帮助指导对象改进不足、加强优势的练习、行动步骤及后续活动。教练所指出的弱点必须具体且可改善，而非模糊、不明确的描述。无论何时，所建议改善的焦点必须针对培训对象可处理（且客观可见）的技能，而非可能无法改变的个人特质”。

有效的指导，通常需要直接观察培训对象的工作表现，或者详细询问培训对象的同事，以取得关于培训对象的充足信息。最好是在培训对象愿意倾听意见，而且来得及做出改善的情况下，再将反馈意见传达给对方。

教练制与导师制的不同

当我和领导层讨论前述议题时，我发现大多数人都会将教练制与导师制混为一谈。就我所见，导师制的功能是提供咨询意见，有时也会给出职业生涯发展建议。但导师不需要直接观察指导对象的职场表现，也不需要详细询问其同事相关问题。导师通常只要向指导对象提出关键问题，并倾听对方回答就够了。

导师制难道不是极其重要吗？当然重要。导师制可以帮助指导对象更清楚地了解自己的热情、职业生涯志向所在，并协助他确立达成目标所需的策略。导师往往比指导对象更年长，经验也更丰富，因此适合给年轻人提供建议。

然而，导师制终究与教练制不同，前者也无法取代后者的位置。虽然导师制需要时间才能看出效果；而教练制通常需要更多时间才能展现成效，因为后者要做得更多，要获得第一手信息，还得更有洞见。此外，双方在教练制中发生冲突的机会大大增加，要担负的责任也更多。教练制通常是一个反复的过程，仰赖双方持续的互动。教练制的双方沟通必须非常具体、有建设性且可供执行；模糊、笼统的观察是不够的。

让我用一个特定案例来说明一下。一家业务范围广泛的大型跨国企业，其首席执行官为他的高层领导团队策划了一次度假会议，要讨论该企业面临的若干策略方面的挑战。首席执行官的会议目标是系统地讨论相关议题，并对处理方案达成一致意见。他邀请我参加这次会议，协助会议顺利进行。

在这场晨会中，全体成员讨论到该企业目前遇到的几项重大的挫折。有些人提到，该企业的中、初级主管的任务达成率很低，而且他们都不知道问题出在哪里。在场成员指出，公司已建立了一套广泛且成熟的年终评估流程，而且还规划了“一帮一伙伴制”，将初级专业人才与高层员工配对成工作伙伴，并以跨部门的配对为原则。他们确信“伙伴制”是一套很好的机制，能够给年轻主管提供足够的职业生涯建议与其他咨询意见。

我接着询问在场众人，该企业的中、初级主管是如何接受教练指导的。他们又重复了一次该公司的评估流程与伙伴制的大致内容。于是我更深入地问道：“那其中的人又是怎么知道他们哪些地方做对了、哪些地方需要加强，以及该怎么做才能改善现状呢？”

其中一位主管说道：“嗯，这种事自然就会发生，不需要什么正式流程。我在这家公司一路走来，也跟好几个教练学习过，他们对我帮助很大。”

我坚持问下去：“那主管会因为在指导员工方面表现出色而获得奖励吗？年终表现评估表格上有没有把这项列出？你怎么知道教练制是否真的实行了呢？”

这一点没人敢确定。他们都认为伙伴制很重要，但同时也承认需要回去做些功课，好好想想这个问题。他们决定去问问公司的中、初级主管，以便对这个议题了解得更透彻些，其中一群人同意会向首席执行官反馈调查结果。

几周后，我来到该公司，继续和他们讨论上述议题。根据那些主管的调查，该公司内的教练制（与导师制和年终评估相比）大概只会偶然出现。如果你够幸运，碰到的上司刚好早年曾接受过其他前辈的指导，而他也有意愿当你的教练，那你就有幸接受教练的指导，最多也就是这样。

他们还发现，有些主管本身也是非常优秀的教练，记录显示，在这些主管培养出的人才中，后来成为中、高级主管的人数比例很高；但他们也发现很多主管并没能当好教练，而且在针对年轻员工所做的抽样调查中，很多人都认为自己的教练并未主动提供教练指导。此外，尽管该公司为员工提供了许多工作培训课程，其中却没有关于教练制的正式培训。经过一番思索，负责调查的资深主管建议首席执行官将“教练制”提升为公司的关键要务。

那么他们为了达成要务，运用了哪些特定方法呢？首先，他们在针对主管的年终绩效评估中，将“教练制”问题增加了进来。其次，在公司的提倡下，他们建立了“教练网络”，指导有方的教练可以在网上聊天、写博客，与同事分享彼此的教练内容。而首席执行官在他的演说及员工会议中，也开始将教练制挂在嘴边，并有力传达出好的教练制有多么重要。最后，他再三确认自己和领导团队，都付出了更多时间给予下属教练指导。首席执行官本人是一位相当优秀的教练，而他的主动参与也引起了大家的注意，因此更强化了这项要务的重要性。

我定期与他讨论后续发展情况。他告诉我，他们在培养、招募年轻有为的主管这一方面成果显著，而教练制流程的大幅改善正是其背后的主要原因；更重要的是，他也强烈认同教练制提高了公司绩效。

给出反馈意见的常见障碍

上述说明看起来挺好懂的：教练制很重要，而找出弱点、努力克服弱点，正是改善个人与公司绩效的方法。很简单吧？如果真的很简单，那为什么不论是资深领导者还是后起之秀的主管，都没有多给出些教练指导，也没有给出更有力的教练指导呢？为何即便是名列前茅的优秀公司，在员工调查中仍然普遍显示，教练指导的质和量都很低呢？

其中一个原因，是这些公司的领导者都未能分辨出教练制与年终评估两者的差异，我认为这是近年来大家对评估制度高度感兴趣的结果。这很令人意外，也很不幸。例如，很多公司都采用了某一版本的“360 度评估反馈”系统，其中每个人会从下属、同人、主管，甚至包括客户及厂商等多方来源得到反馈意见。多数公司之所以采用这套系统，是出于年终绩效评估与其他员工个人评估等目的。

没错，360 度评估反馈及其他类似工具在公司整体发展过程中有其重要性。但很多领导者想错了，以为年终评估正是给予员工指导的最佳机会。毕竟（根据他们的想法）此时资料都备齐了，评估人也准备好了，而且时间也确定了。此外，资深主管为了填写这么多人的评估表格花了很多时间，他们的精力在这个过程中早已消耗殆尽。他们认为自己从夏末到秋季都在填这些评估表格，再也分配不出额外时间给出反馈意见了。因此，他们认为："我们就等到年终评估的时候再一并给出反馈意见吧！"

这种想法多半时候是错误的。对被评估者来说，年终评估可以说是个人的"年终裁决时刻"。对这些下属而言，这时要采取任何行动都太晚了，但这却攸关他们的薪酬、评估分数及晋升前途。他们深知这点，因此那时候的思维模式很难接受或提供任何有建设性的反馈意见，也难以采取任何能改善现状的行动。他们那时候通常很紧张，也很有防卫性。大多时候，他们都清楚地知道，家人正在家里等着他们的电话，等到评估一结束，他们就会给家人打电话详细报告结果。

再次强调，这种时刻就像是陪审团已经做出了决定，因此挑这种时候给予有建设性的批评或请对方重新去做，都已经太迟了。如果员工在年终评估中听到突如其来的反馈意见，他们可能会感到不悦、愤怒，甚至可能觉得评估者背弃了他们，而这位评估人正好就是他们的上司。以我的经验来看，在年终评估时被突袭的员工通常会把这件事看得非常严重。有效工作关系中必须存在的信任和沟通，可能会在此时被破坏殆尽。被突袭的下属可能会对公司失去信心，失去工作动力，因此更可能接受猎头公司推荐的职位。有时候，这种事件的最终且最不乐见的结果，就是该下属后来出乎意料地辞职了。

结论：教练制的实行应该远远早于年终评估，并且整年都应持续不断地进行。教练制应该更早开始，让指导对象来得及依据反馈意见采取行动，努力弥补不足，这样一来，就能为个人的年终评估结果带来正面影响。

绝对不要给人“惊喜”

我向来努力遵守的一条规则是：年终评估时绝对不要给人“惊喜”。换句话说，如果我等到年终评估时才为下属提供有建设性的评论，那我绝对会把事情搞砸。我谨守这条规则，因此我会提醒自己整个年度中时时掌握下属的工作表现情况，加以评估后主动给予指导。而这会让下属确信，他们在一个公平待人的环境中工作；尽管他们可能不喜欢所得到的反馈意见，但他们会相信这么做是为了帮助他们学习与成长。

许多最佳实践都是从充满压力的经验中发展而来的。我在高盛集团工作时，压力最大的时刻常常是和两年一度的合伙人提名活动有关：我手下有许多表现优异的下属，个个都希望能被提拔为合伙人。在高盛集团，选出合伙人的竞争相当激烈，许多才能优异的人选竞相投入角逐。尽管很多候选人都得到其他公司的青睐，可以选择到公司外发展，他们却都选择留在高盛，原因就在于我们的公司文化、我们承诺追求更优异的表现，以及相当重要的一点：他们留在这里，升职前景一片光明。我在高盛任经理时，最艰难的任务可能就是告知那些表现杰出的下属，他在该年度不会被升职，要等到未来适当的时机才行。对方的反应通常是很愤怒，某些情况下甚至会认为自己被出卖了。

由于这种时刻很容易激怒大家的情绪，我学到一件无比重要的事：务必要让手下的专业人才在该年度及早得到教练指导，开始的时间务必远远早于年终评估流程。同一年内会安排多次教练指导，而且以开诚布公的评估方式进行：我们会和下属讨论他们的优势、弱点及可能采取的补救措施。讨论过程越坦率、次数越多，指导效果就越好。假如候选人该年度晋升失败，尽管他很失望，我们依然可以回到先前的指导议题，继续朝着目标努力，而且这些讨论内容可以作为高层领导未来做出晋升决策的参考。另外，教练指导记录也有助于留住人才，因为先前的讨论已打下了一定基础，下属知道了该怎么做，将来才有机会得到提拔。

尽管这些升职经验很折腾人，但也教会我一件事：你不可能让所有下属都获得他们想要的东西；但是你可以帮助他们进步，充分发挥他们的实力。我从中了解到，如果你很积极，毫无保留地提供教练指导，那么看见下属改善现状的可能性就会大大增加，而他们面对坏消息时，也会保持对公司的尊重与信任。如此一来，他们更有可能留在原公司。

准备需要时间

经理人未能当好教练的另一个原因，就是好的教练指导需要进行很多准备，而这要花很多时间。年轻的经理人应该要学的课程中，其中一课便是了解为了给予下属有效指导，他们应该花多少时间才能准备充分。

我常常听到主管说，他们“没时间指导员工”。但这是事实吗？非常有可能，领导者最重要的工作，就是吸引、招募与培养人才。如果是这样，你就需要找出时间来完成这项要务。想想上一章讲到的时间管理问题吧：你不把时间花在给予员工指导上，却花在了相对不重要的事情上，到底是在干什么呢？把不那么重要的活动从时间表里删掉吧！如果你无法给予你的直接下属指导，大概是你的直接下属太多了。

以下这点再怎么强调都不为过：领导者要把指导员工视为你的工作重心。很多公司之所以未能留住重要人才，关键就在于他们的领导者没尽到教练之责。

如前所述，教练指导需要直接观察指导对象，同重要同事谈话以搜集关于指导对象的信息——领导者需要拨出时间来做这些事情才行。虽然董事会给予首席执行官教练指导时，可能需要将“搜集信息”这项工作分派给他人做（我们稍后会讨论这个问题），但经理人则应该亲自搜集关于其直接下属的信息。尽管指导的部分内容可以交给公司外部的专业教练去做，然而这并无法完全免除你身为领导者的责任。你的下属希望得到“你的”反馈意见。他们想知道，根据个人观察及与他们同事的谈话内容，你对他们会有什么看法。毕竟，决定他们薪酬标准的人是你，决定他们能否升职的也是你。他们需要，也应得到你的反馈意见。其他的任务可以分派给他人去做，唯独这个不行，所以请尽量安排出时间。

害怕冲突

公司里的教练制成效不明显，另一个原因是好教练必须勇于面对正面冲突。有些领导者观察了一段时间，收集好相关信息，对重要下属的弱点也已了然于心，却无法鼓起勇气让下属知道其弱点是什么，也迟迟没能为其提供正确的行动建议，直到情势逼不得已才开口。这时最常见的情况是，下属发现自己没有升职、被减薪了，或者（最极端的情况）被开除了，而领导者直到此刻才不得不向下属解释一切。在此之前，下属可能还对这位资深前辈怀有相当的好感与尊敬，但这一刻过后，他可能会暴跳如雷，再也无法信任这位阅历比他丰富的同事，更谈不上尊敬了。

你担心一旦给下属提出有建设性的反馈意见，他们会因此不喜欢你吗？你宁愿在此之前受到下属爱戴，等到对方得知坏消息后再被鄙视，还是希望下属一直对你尊敬有加？你是不是多少有些担心，下属听到反馈意见后会大受打击，从此一蹶不振？你退缩不前的原因究竟是什么？

我可以坦诚地讲：目前为止，只要给出的反馈意见有足够的建设性，我还没看到过哪一个下属会因为受到太多指导而离开公司的。但从另一方面来说，我倒是看到过很多下属认为自己在该年度并未得到真实的反馈意见，因此不再信任资深主管，最后选择离开公司。

这些人离开原公司后去了哪里呢？大多数人都会去找学习空间更大、有更多机会接受教练指导的新公司，而不会去找一家可以轻松度日或是冲突很少的公司。他们寻找的公司的领导者会向员工正面提出挑战，而非避开关键议题不谈。这些公司的资深主管能够赢得下属的尊敬与信任，原因便在于他们会协助下属面对现实中的挑战。

一位来哈佛参加高管领导力课程的年轻高管，最近刚接管一家大型工业公司里的中型业务部门。在听我发表了一番关于直接、坦白的教练指导重要性的谈话后，她前来寻求我的帮助。

她开口说道："我觉得自己无法对别人说出坏消息，我就是说不出他们在某些方面的表现有待加强这种话。"

我问道："为什么说不出来呢？"

她很苦恼地答道："我真的不知道，可能我就是很害怕面对冲突吧。也许我在做这份工作方面经验不足，而且我也不喜欢惹得别人不高兴。说不定我太想被人喜欢了？"她接着说，由于自己无法接受教练制带来的正面冲突，总是等到年终评估时才告知下属一些"惊喜"，表示要调降薪资，因此自己和几位重要下属的关系已经彻底搞砸了。有些人指责她的行为是"消极对抗"，她承认自己真的很害怕冲突，也不知道该如何给予有效的反馈意见。

我给了她几项建议：首先，我认为她过度渴望受人喜爱且惧怕正面冲突，而这背后都潜藏着根深蒂固的原因。我鼓励她好好思索一下自己的生活经验，试着找出她惧怕的根本原因，如果她的一群亲密好友和家人可以组成一个“支持团队”，大伙儿一起讨论看看可能很有用。我也建议她如果认为寻求专业协助有效的话，可以找心理医生或精神科医生进行咨询——这是一种很积极的做法，或许也可以帮助她在这方面更了解自己。

也许你看到这里会感到很惊讶：一个商学院教授竟然鼓励一个叱咤职场的高管去进行专业心理咨询？可别这样想。其实，有效领导力的最大阻碍往往来自领导者的内心。不论是什么方法，只要能够对付你心中的小恶魔，战胜内心恐惧，大概都会让你领导得更加有方。如果公司外面有人可以帮助你，那就向外寻求帮助。

其次，我强调了一点：不只是她，每个人都不喜欢给出负面的回馈。为了减轻她的压力，帮助她克服恐惧心理，我推荐她在给予员工教练指导前做好充分准备：比如，事前找指导对象的同事会谈；还有，事先好好想一下该怎么将信息传达给对方，说不定可以在镜子前先练习几个回合；此外，可以先找一位信得过的同事进行角色扮演练习，事前先排练一番。最后，我鼓励她继续问问自己，先前下属在盛怒之下暗示的那个问题：我真的想要成为别人眼中会“消极对抗”的人吗？当员工的表现需要改进时，选择隐瞒事实是真的对他“好”吗？

几周以后，她向我汇报进展情况。她很认真地对待我关于事前充分准备与排练的意见，并认真执行。不久前，她与一位重要下属刚完成了一次教练指导，据她说收获相当大。完成后，她对新发现惊讶不已，她开始意识到自己也许具有当好教练的潜能。此外，她也开始了解到，很少有人天生就能当好教练，事前努力准备及不断实践才是当好教练的不二法门。

创造教练制环境

如果你相信教练制至少和销售技能、财务技能、沟通技能、策略技能等一样重要，都是企业不可或缺的功能，那么下一个问题就是：你的公司要怎么做才能把资深主管训练成杰出的教练？

在此，我可以指出 4 种要素：

事前准备与动机

教练指导需要花费时间。你需要让你的经理人知道，你视教练制为公司的重要职责，而他们要在整个年度中都全力以赴，花时间了解直接下属的弱点与优势何在，与下属讨论该如何做才能解决问题，事后定期监控进展情况，必要时还要给出额外建议。

一家真正优秀的公司，会将出色的教练能力视作晋升高级管理职位的标准，也是能否加薪的关键因素。在你对手下经理人进行绩效评估时，别忘了针对他们的教练能力给出反馈意见。

具体、可执行的反馈意见，以及提出补救措施

有效反馈意见的内容应该非常具体，着重于增强工作技能，而且可供指导对象执行。反馈意见不应该是人身攻击，也不应该过于抽象模糊。同理，后续的补救建议也应该同样具体、具有执行性。

举个反例：很多专业人士常听到的建议是，他们需要“提升在公司的影响力”。老实说，我不懂这是什么意思，会说出这种话的教练，通常对于指导对象的印象模模糊糊，并且没有做足功课，因此无法给出可供执行的反馈意见。这种反馈意见不但很抽象，更糟糕的是，还会使指导对象的注意力无法集中在他本该处理的几项较弱的工作技能上。

同样，当他们想仔细分析自己未做到的事情，决定未来该如何补救时，说他们行为愚蠢无助于反馈。这种说法不但会使人不悦，感觉受到了侮辱，而且也没给出让他人得以开展行动的特定意见。

再强调一次：应给出具体、清晰、可执行的反馈意见。

更新与后续行动

没有一家公司会在制订策略后，不加以更新地沿用数年，而教练指导也一样。毫无疑问，教练指导就是推动员工个人策略执行的努力过程，因此，更新与后续行动是有必要的。

公司的需求会发生改变，员工的梦想也会发生改变。下属不仅希望获得关于做好现阶段工作的教练指导，也希望能掌握做好下一阶段工作的技能。为了让你对员工的教练指导更有效，如果能大致

看出下一阶段的工作，你就能帮助下属一步步达成目标。

举例来说，表现优秀的销售员可能希望在未来成为销售经理。为了实现这个志向，他希望现在接受足够多的挑战，在升职机会到来前积累相关技能的经验。你指导的下属对未来有什么愿景？我们该怎么制订计划，要怎么帮他们实现愿景？为了帮他们达成目标，该派给被指导的下属什么样的工作、给予什么样的指导？

营造企业所有权文化

身为领导者，你会希望在全体员工的职责中再增添一项：“给出并寻求反馈意见。”

那么给出并寻求反馈意见又分别是谁的责任呢？我过去经常对高盛集团的员工说，寻求反馈意见一定是他们的职责，他们必须知道自己的优势和弱点何在，并制订计划来克服弱点。同时，我也会对各级经理人说，给予下属反馈意见百分之百是他们的工作。

我在开玩笑吗？还是我希望鱼与熊掌兼得？当然都不是，我的观点是：基层员工应该肩负起的挑战是寻求反馈意见；而高管应该面对的挑战则是给予反馈意见。只有当双方都能持有这样的态度行事，方能营造出真正的学习环境，此时才会出现真正有效的教练指导。在这样的环境中，全体员工都会寄希望于个人发展，没有人会觉得自己是受害者，而且大家相信待在这家公司便有机会成长、学习，发展得越来越好。

最终目标当然不是让所有人都得到晋升，也不是让所有人都加薪到最高等级，而是“让人人都有机会充分发挥个人潜力”。为了营造这种企业文化而努力奋斗是值得的。例如：表扬优秀教练，宣扬教练成功指导下属的“战绩”，以及哪些人在努力寻求反馈意见、接受有效教练指导之后，自我表现大有改善，等等。由领导者发起的公开表扬与相关逸闻趣事会在公司内流传开来，而这些故事被注入生命力后，便能带领你朝梦想前进，对整个公司将产生强大且深远的影响。

如果一家公司未能达到其目标，常见的失败原因可追溯到重要位置上的人才缺乏。而这种人才匮乏又通常归因于公司吸引、招募、培养人才的能力不足；再深入探究问题，你就会发现这种不足源于公司以往不重视教练制，未能在公司内营造出一种鼓励学习的环境。成功营造出教练制文化的公司，往往对优秀人才具有强烈的吸引力，快帮自己培养这项竞争优势吧。

寻求来自下属的反馈意见

高处不胜寒

我们都听过“高处不胜寒”这句话，可能因为听到的次数太多，而不会引起我们的共鸣。兰迪·纽曼（Randy Newman）[①] 为此写过一首歌，没过多久，好几位美国总统也都提到过这句话。

① 美国著名的作曲家、歌手和钢琴师，创作了很多脍炙人口的流行歌曲及电影配乐。——编者注

以我个人来说，我之前从未真正理解这句话的意义，直到我掌管了一家企业时才恍然大悟。我发现大家对我越来越好了，赞美之词也说得越来越夸张，而且来到我办公室时说话也越来越小心翼翼。

一开始我感到有点儿受宠若惊，但后来我发现他们在我身边都小心翼翼，不敢直指问题的关键，而他们以前从不会这样对我；我还发现，我得更加努力才能掌握公司的动态；在我离开公司前3个月，我发现当我坐在首席执行官的办公室里时，外面走动的人变少了，整体来说，比我以往习惯的环境安静许多，而且众人来我办公室时都有点胆怯，还会努力展现出最好的一面，我这才发现，原来现在的我很容易脱离现实世界。

这些年来，我担任过许多大型企业的顾问，而上述这段话也让我产生了更深的共鸣。这种现象往往将领导者与现实世界隔绝，对领导者及企业都有可能带来严重后果。

当你晋升到“巅峰”，无疑你已经具备了多种技能，能做好分内多数工作。但不幸的是，除非你采取了正确行动，否则坏消息在你身边消音的概率也大为增加。你听到的反馈意见几乎不具有建设性（至少要等到问题变得严重了才会比较有建设性）；而你也可能无意中塑造出一种根本不想听见坏消息的氛围，特别是最不想听到关于自己的坏消息。当你的职位越来越高、越来越重要，你的下属可能也越来越不想对你说出那些不中听的消息。

当你安于待在高管办公室楼层、远离运营部门时，这个问题会加速恶化。对于前往白宫的人来说，这种不敢说真话的现象特别明显。即使他们之前强烈反对总统的现行数项政策，一旦他们踏进总统办公室，他们的言谈也会变得比较正面，而怯于说出不受欢迎的意见。他们被办公室的精细设计与宏伟氛围给震慑住了，于是他们给出较正面的意见，急切地想给总统留个好印象，而不是当场坚持说出令人不快的重点。

商界也存在类似情形。很多人愿意对同事抱怨首席执行官的不是，他们会说首席执行官哪里做错了、应该怎么改善，但具有讽刺意味的是，同样的一群人在面对首席执行官本人时却临阵退缩了。他们希望给首席执行官留下一个好印象，而避免掀起波澜正好是不错的做法。因此，尽管有建设性的批评意见在公司里流传已久，首席执行官却往往是最后一个听到的人。

所以我坚持认为，领导者必须采取非常措施、付出额外的努力，甚至不遗余力地寻求他需要的反馈意见。

接收来自上层的反馈意见

当你成为公司的总裁或主要部门的主管时，恐怕你与比你职位更高的人相处的时间很少。你的上司想必不会定期亲自观察你的表现；如果有时间与他们相处，大概也不是可以让他们观察你多方面表现的场合，而是必须听他们说话或是与他们开会、向他们报告事务的时候。这种场景多半出现在会议室，而且通常要按照会议日程表进行，因此很少有脱稿演出的机会。这些主管不会盯着你工作，也不会观察你与下属或客户互动的情形。因此，你的主管不太可能仅仅坐在会议室里就对你个人有更深的了解。更糟糕的是，如果你侃侃而谈、风度翩翩（当你坐上这个位子时，大概就是这副模样），你的主管可能会被你的外表给唬住了，进而对你其他方面的能力做出不准确的假设。

这样一来会发生什么事呢？最有可能的情况是，他们给你的反馈意见会建立在你的同事所言、你的年终评估结果，以及你在上述场合中留给他们的印象的基础上，公司内部流传的八卦和谣言可能也被包括在内。

你现在的状况多少有点儿像我在本章前面所提到的：下属无法及时得到他需要的反馈意见，直到事态已晚，即使得到了反馈意见也于事无补。等到你的主管或董事会发现你在工作表现方面的问题时，通常已经恶化成重大问题了。如果那时你才要处理问题的话，恐怕不太可能；而以往可以矫正的小错误，到时候也会对你和你的职业生涯造成深远的负面影响。

很多董事会都对首席执行官的优势和弱点不甚了解。首席执行官可能擅长演讲，在董事会成员看来可能既有说服力又魅力十足，然而这些政治技能只会掩盖部分常见的领导力问题而已。若是董事会未能建立深入了解首席执行官的有效程序，当公司出现运作困难、合规问题或关键人才流失时，就会发现除了辞退首席执行官外，似乎别无他法。

因此，许多董事会坚持采用 360 度评估系统，帮助他们更深入了解首席执行官的相对优势与弱点。有时这些首席执行官会向我倾诉，他们觉得这个流程很可怕，而我会让他们努力克服这种感觉。这种流程若执行得当，董事会就能了解：即使是首席执行官，也需要教练指导或其他帮助。所以，这个流程不但不会断送首席执行官的职业生涯，反而还能延长他的任期。

董事会可以给首席执行官更多的教练指导

一家大型工业企业的首席执行官，刚刚带领这家企业渡过经济危机最严峻的几个月，并做出了几项关键策略的选择，引领企业戏剧化地走向重建之路。该企业董事会对这位首席执行官很满意，也非常支持他采取的行动。

然而，有几位董事此时却（直接和间接地）听到关于首席执行官“领导风格”的重大负面反馈意见。例如，一位重要客户主动向某位董事表示，该公司的财务部门员工抱怨公司文化正在被破坏。他们还听说，外界传言这位首席执行官的作风专制，挑了几位资深主管组成亲信团队，而且不懂得倾听他人意见。而有些资深主管也去找其他董事，（私下）抱怨首席执行官的领导作风。

该公司董事会当时并无360度评估反馈流程可用来评估首席执行官。他们会对首席执行官进行年度绩效评估，主要是针对该首席执行官在主要运营、制订策略性指标方面的成就进行评估，如股权收益、股价表现、市场份额数据与其他方面。这位首席执行官没有教练，而是认定两位董事会成员当他的“导师”。这些董事努力扮演好首席执行官的共鸣板这个角色，因此他们每个季度与首席执行官共进一次晚餐。

董事会听了这么多抱怨后陷入真正的两难之中，因此请我参加他们下一次的例会并给出一些建议。会上我们讨论了“导师制”的局限，以及首席执行官其实还需要一位教练的事实。这并非易事，因为董事会无法天天近距离观察首席执行官，目前手边也没有针对首席执行官的反馈意见系统可用。他们不想削弱首席执行官的地位，但他们也深知有义务对首席执行官进行教练指导，并且有必要对首席执行官的整体绩效做出最终评估。

首先，在近期内，他们对希望首席执行官得到教练指导达成一致意见——毕竟他是第一次当首席执行官，为了形成个人领导风格，需要更多反馈意见也是情有可原的。他需要亲耳听到这些经过组织、整理的反馈意见，并针对已知的相关问题采取行动。

会议结束后，董事会便对首席执行官提出了这个问题。双方都同意聘请一位外部教练来与首席执行官一起工作。董事会也做出了明智决定，将首席执行官的教练指导程序与评估程序分离开。其次，他们还同意，教练在第一年所给出的反馈意见，仅会用于首席执行官个人的发展目的，而不会用来进行绩效评估。另外，他们也同意从下一年度开始将建立360度评估系统，如此一来，董事会便能整合相关信息，作为首席执行官年终绩效评估的参考。

两周后，他们选出了一位优秀的外部教练，那位教练随即与首席执行官进行了第一次会谈。会谈结束后，那位教练和大约20位与首席执行官接触频繁的员工进行了面谈，每位受访员工的反馈意见都会以“不具名”的方式呈现。收集完反馈意见后，那位外部教练先与首席执行官一同回顾这些反馈意见，再与董事长及其他两位参与这个流程的董事一起讨论。

从这些反馈意见中可以明显看出，首席执行官存在好几项管理风格方面的问题，而他也同意要努力改进（他似乎不会对这些意见不满，尽管他坦承有很多意见让他感到很惊讶）。于是教练与他一起讨论，制订出解决这些问题的行动步骤，而董事长与另外两位董事也参与其中，针对行动步骤提出了一些想法。总的来说，这个流程相当有建设性，首席执行官也深受鼓舞，愿意继续改进前述不足之处。此时他终于了解到，他应该与他的员工有更多接触，以便更积极地寻求反馈意见。

与此同时，董事会也改变了以往的方法。他们回顾当初，意识到他们之前对首席执行官的教练指导并未投入足够的精力，而仅有的导师制相比之下又不具有系统性，因此对首席执行官来说远远不够。这次经历让他们意识到，制定针对首席执行官的教练制度原来如此重要。

积极采取措施来接受下属的反馈

如今要得到上级的反馈意见的难度增加了，主要因为你的上司现在也不常有机会见到你。尽管如此，除非你真的不问世事，整天被隔离在办公室里，不然你周围一定会有一群可定期观察到你的工作表现的下属。如果他们分属多个部门，那么他们应该可以针对你的弱点提出一系列的意见，而且，他们说不定已想出好多解决方法了。

有些人可能会认为这个观点很可怕：拥有一群会对你的领导能力挑三拣四的下属！但我鼓励你将这群下属看作你宝贵的资源之一。

当然，这种做法也不是毫无问题。尽管这些员工俨然是可涌出宝贵反馈意见的源泉，你依然要积极采取行动，及早并常常得到这些员工的意见；否则直到年终评估时，你才会首次听到来自这些员工的 360 度反馈意见。（太晚了！）除非你的下属已经决意辞职，否则他们应该没有勇气对你提出有建设性的批评意见。因此，在你面对的挑战中，其中一项便是从员工那儿得到反馈意见——你要通过适当的方式询问（或打探）。优秀的主管懂得如何进行这种对话，从员工口中得出宝贵的反馈意见。

以我的经验来看，这绝不是件易事，至少从一开始是不容易的。首先，它必须以一对一的方式进行，而不能变成团体活动。因为基层的员工绝不会在他人面前公开批评你，而且在一对一的面谈中，你说服对方说实话的概率最大。不过，即使是一对一的面谈，也需要多次实践才能提炼出有用的评论意见。

刚开始实行时，每当我请下属积极提供反馈意见，他们通常开头会说我各方面都做得“非常好”。当我继续问道：“那么，我的哪些做法需要改变吗？”他们便会回答：“我想不出来啊。”如果我继续挑战他们："嘿，一定会有一些需要改变的地方吧！"他们仍旧会答道："应该没有吧，我想不到啊。"

于是我请他们坐下来再想一想。我说道："没关系，我们有的是时间。"接着令人尴尬的沉默笼罩着整个房间。他们额头开始冒汗，心里大概在想："天啊，这个人是来真的……那我现在到底要说什么？"

这时候，有些人看起来像是要开口了，但又退缩了，通常我要趁这时候说："你刚刚打算说什么？请你把话说出来吧！"

到了这一刻，他们通常会抛出藏在心中已久但不敢说出的话。那些话往往令人震惊，一来因为这是攸关本质的批评，二来我心中也明白这话是对的，三来是我在此刻了解到，公司里的很多人大概都持有相同的看法。

"哎，真话好伤人啊！"如果你曾经走过这一整套流程，你应该会知道这时你必须保持镇定，真诚谢过眼前这位员工提供反馈意见，接着再打电话给好友或家人，确认刚才听到的批评是否属实。大多数时候，他们会停顿一下，然后说道："嗯，没错，听起来的确像是你做的事。"

好，所以你手边已经出现一个有待改正的缺点了。此时你需要逐步克服这个缺点；如果你愿意敞开心胸改变现状，几乎可以完成任务。说个好消息吧，以我的经验来看，90% 的困难在于循循善诱员工提出反馈意见。一旦你成功发现某项具体的缺点，几乎不必怀疑，必定可以找出解决的方法。

有时结束这场对话后，过一段时间，找机会对这位敢说真话的下属表达谢意吧。告诉他们你现在正努力采取行动，改正他所指出的缺点。此外，告诉这位下属，你希望将来可以继续与他们保持对话，请他们提供后续反馈意见，看看他们是否认为你已经进步了。这对下属而言是一种极大的鼓舞，他们会发现自己真的能对公司产生影响；而且，未来那位基层员工（以及像他那样的员工）如果发现你还有其他可改善之处，也许会更愿意到你的办公室给出反馈意见，而这种行为也会在公司内部流传开来。

你做这些事的目的并不是获得欢迎，也不是为了让自己“看似”会寻求他人意见。你做这件事的唯一目的，是让你提早得到警告，及时改正自身缺点。我遇到这种事不止一次了，而且我自己也亲身经历过，因此向你提供下列建议：培养一个由下属组成的教练团，定期和每位教练一对一地面谈，接受他们提出的反馈意见。你得先说服他们，你是真心希望得到反馈意见，而比起说“场面话”，他们坦承以告更容易得到升迁。

如果你真的根据他们给出的意见采取行动，而且做得恰如其分，这会给下属带来相当大的信心，更有动力给你提供反馈意见，而且这种行为会向其他人传达出这样的信息：你是一位想要听真话的领导者，愿意为了改善自我及公司事业而努力。如果你很真诚地接受他人提供的建设性的批评意见，学习与改进的意愿也很高，那么你的下属与同事就会越来越愿意帮助你。

随着这种文化逐渐深入人心，在你的问题对公司或你个人造成伤害之前，下属会先跑来告诉你问题所在，帮助你想出解决方法。他们会亲自协助你对环境做出应变，发现公司还来不及做出相应改变的脆弱部分。这时尽管你仍身居高位，却不再感到那么寂寞了。

当然，接受下属反馈的前提，是你能敞开心胸学习、倾听与应变。要做到这点，你必须时时检视自我，压抑心中“既然已经坐在这个办公室里了，显然没有必要再学习别的东西”这股强烈的人性冲动。

相信我：你需要学习，我们所有人无不如此。

善于学习的企业文化

我身兼主管及顾问二职，因此向来对行业中的公司兴衰很感兴趣：为何同一行业中，有的公司会成功，而其他公司却败下阵来，或是没那么成功？这些公司采用的策略通常一样，所用人才的水平相当，相似之处也不少。我相信这其中的差异就在于他们将人才招募进公司后，如何运用专业人才。

在最成功的企业中，一定存在善于学习的企业文化：公司员工不论职位高低，都会尽可能改善自身表现，最终得以充分发挥他们的潜力。这些企业领导者为员工设定期望、提供培训、激励专业人士主动寻求指导，而且主动给予他人指导，因此成就了这种善于学习的文化。与其他公司相同职位的主管相比，这里的主管更擅长打造成功的领导者、降低人员流动率，以及最大限度地利用稀缺的人力资源。

你对本章一开始所提问题的响应与行动，将会帮助你确认你的公司有没有实现愿景和完成关键要务的必要技能。因此当你在规划自己的时间安排时，必须为教练指导留出时间。虽然教练制其他部分的流程可以授权给他人去做，为直接下属提供教练指导却是你无法逃避的责任，这件事非你做不可！

下一章中，我们会把这个议题更向前推进一步。有效继任计划与其带来的利益的重要前提是强有力的人才培训流程及教练制文化。成功完成本章任务，会帮你确保自己已发展出了重要的人才生产线，来培养将来能继任公司要职的人才；而这反过来，对你将来能否成为成功的公司领导者是至关重要的。

建议后续步骤

1. 写出关于你每一位直接下属的 3~5 项优势。此外，写出至少两三项你认为他们可以改进的技能或工作内容，这种改进有助于提高他们整体的表现，以及推进自己的职业发展。为了得到相关信息与洞见，请留出时间亲自观察该下属的实际效果，并谨慎地询问他人相关信息。
2. 安排好时间和每位直接下属讨论你的观察结果，并找出可以帮助他们改善和解决对方的发展需求与机会的行动步骤。碰面时间至少比年终评估提前 6 个月。

3. 实实在在地写出你的优势与弱点。列出至少 5 位可供你寻求这方面反馈意见的下属，分别与他们每个人见面，向他们解释你为何需要他们的帮助。一对一面谈时，询问他们对你的优势及弱点的看法，并向他们寻求一两项针对弱点的改善建议。最后，感谢他们的协助。
4. 写出处理你个人弱点及发展需求的行动计划。如果你有直接上级（或你信任的同事），可考虑与他们讨论你个人的发展需求与可能的行动步骤。根据你在公司的情况与职位，可视情况聘请外部教练。
5. 鼓励每位直接下属，对他们自己与他们的直接下属也采取前述 4 项行动步骤。

哈 佛 商 学 院 最 受 欢 迎 的 领 导 课

What to Ask the Person in the Mirror

Critical Questions for Becoming a More Effective Leader and Reaching Your Potential

第四章　接班规划与工作授权

面对终将退位的现实，
拟出完善的接班规划。

你的公司有没有规划重要职位的接班流程？

你是否已找出你目前工作的潜在接班人？

如果还没有找到，为什么你没有找到？

你有没有充分将手边工作授权给他人去完成？

你是决策制订过程中的瓶颈吗？

领导者肩负的重任中，其中一项便是“把对的人放到对的位置上”；换句话说，吸引、招募、培养人才，以及恰如其分地将这群人才放到重要位置上，对大部分公司而言是至关重要的成功要素。如果你希望实现你的愿景，极其出色地完成要务，就需要发展这种用人才能。

为了成功打造你的公司及你个人的职业生涯，你必须接受这个挑战：结合有效评估与教练制度，制订出继任计划。且让我说得更明确一点儿：优秀领导者所肩负的责任中，其中一项根本重任就是“培养公司重要职位的潜在接班人”。你必须亲自打起这项重任。

培养接班人

多数商界领导者在我谈到这个话题时，都会热情地点头同意。有些则是在点头的同时耸耸肩，也许是表示这对他们来说不证自明：吸引、招募及培养人才当然再重要不过了！

然而随着我讨论的深入，就会发现这些领导者中有许多人没有制订出其公司要职的接班规划。他们没有意识到，他们前来找我帮忙解决的“燃眉之急”，基本上与一件事密切相关：他们没有培养出公司内各要职的潜在接班人，即使是他们自身的职位也后继无人。要位后继无人，通常会导致公司出现一连串的问题，而这些问题也显示出领导者的管理无方。那为何这些主管没有更清楚地看到问题，加把劲提升他们在这方面的表现呢？原因在于，“接班规划”和本书中其他简明易懂的概念一样，知易行难。

我们在本章中将会检视接班规划的重要性，以及探讨有效授权的相关议题，还会讨论到未能培养出合适接班人的实际成本将有多高。以我的经验来看，如果你还没为公司各要职找出潜在接班人，连你自己的职位也后继无人，那么你很可能也没有将工作充分授权给他人；不仅如此，你大概还会不自觉地成为公司内决策制订的瓶颈。因此，你现在可能感觉到自己能力受到限制，无法充分发挥实力运行你的部门或打造优秀的公司。

优秀人才一旦认为公司未能通过详尽规划的一系列任务和有效的教练指导对他们委以重任，往往会因此离开公司。高潜力人才离开造成的损失，等同于你将大笔金钱（想想一捆捆的万元美钞）丢出窗外——这不是你会故意做的事吧！

你在本章中将会发现，我会先讨论接班规划，再讨论工作授权问题。为什么要这样呢？原因在于，为了让你实现愿景、达成关键要务，你必须先将手边几项工作授权给他人去完成。而想清楚接班规划之后，你就会知道该授权工作给哪些人。在你开始实际授权之前，你需要先想清楚该将责任分派到哪些人身上。

许多领导者放弃工作授权的原因，最常见的是授权一开始就进行得很不顺利。这通常是因为他们没有发现下属真正擅长什么才能，因此未能将重要任务与适合的才能进行有效匹配，培养这些人才的职业生涯志向。这些领导者都没有发现接班规划与工作授权之间的关联。

当主管真正懂得了接班规划的真谛，采取一套有效的流程，他们便能对工作授权这一概念拥有更多信心，更能有效授权，也更愿意放宽授权范围。他们在接班规划与工作授权方面取得进展时，就能真正迈向自己的职业生涯目标。

这也许不是一条好走的路，前方不时会出现路障或危险标志，你必须谨慎前行，小心应对。我们在接下来的内容中会继续深入探讨这个问题。

危险指标：朋党式领导团队

历史学家多利斯·基恩斯·古德温（Doris Kearn Goodwin）曾形容亚伯拉罕·林肯（Abraham Lincoln）的政府团队是“政敌团队”，并深入探讨在林肯勇气十足（有时甚至是违反直觉）的领导风格下，官员间剑拔弩张的气氛及结果。许多主管都记住了历史上这个有力领导范例，从中获益良多。然而，许多企业领导者却往往走上另一条路，于是掉进了领导陷阱：组成朋党式领导团队。

为什么他们会做出这种选择呢？因为许多领导者花费多年时间才获得现在的职位，他们当然不希望放弃目前的工作。于是他们有意识或无意识地认为，有才能的下属将会对自己的职位造成威胁。这些个案中的领导者在理智上都明白，如果他们培养出了潜在接班人，公司将会发展得更好，但他们内心深处的不安全感最终击败了理智的想法。

很可惜，我先前就发现有几家公司的领导者抱着自己的职位不放，希望在位越久越好，而且完全无意培养可能会威胁到他们职位的多样化人才。在这些个案中，有的刚好就是首席执行官本人，这令人惊讶不已；其他情形中，有的则是希望有朝一日成为首席执行官而年资较浅的部门主管。这些人往往对目前的工作怀着或多或少的不安全感，因此他们也绝对不想采取任何会加重这种不安全感的行动。他们可能会当众谈论接班规划与人才培养的重要性，但他们向来只会提拔对自己忠诚的下属：这些下属通常是他们以前合作过的人，立场也与他们的类似。如果这种提拔模式受到质疑，他们通常会费尽心机地解释：其他看似更有才能的下属其实没有他们选出的那些人才优秀。

从此这些领导者故步自封，拒绝改变。他们的行为散发出一种“禁止进入”的气氛，将真正优秀的人才，以及不属于领导团队小圈子的人拒之门外。这种行为导致了令人遗憾的结果：领导者通常会（有意或无意地）将重要人才赶走了，组成对他们自己，而非对公司效忠的领导团队，而且由于这个领导团队的能力不足，会产生削弱公司实力的管理盲点与错误的判断。

通常要等到一定规模的危机出现，才会显示出前述判断失误的程度有多严重。但是当危机发生时，可能已经来不及补救，也来不及找回公司急需但已长期流失的人才。此时，公司可能会承受沉重且长期的损害。

在一家上市公司中，监督类似议题、确保接班流程顺利透明，是资深领导及董事会的责任，其中后者担负的责任更重。在这方面，定期调换工作对接班流程颇有帮助，而其中一项益处就是打破朋党制。但是，要防止朋党、派系出现的最有效方法，依然是及早开始培养愿意对事不对人，以功绩为评价标准提拔下一代领导者才，并敞开心胸接纳多元观点的领导者。

部门的人才真的不够多吗?

我常常与说出这种话的领导者见面：他们老是心力交瘁，想要好好匹配时间与关键要务却又做不到。他们留给自己做的事情太多，而且似乎无法将精力集中在公司面临的重大议题上。当我问他们，为什么不将一些不那么重要的工作授权给有能力的下属去完成，他们往往会表示，他们也想这么做，但不巧的是他们的公司缺乏人才。通常这些首席执行官或部门主管接着便开始解释，要吸引、招募及培养人才是多么难的一件事。

这对所有人来说都是一种危险又不健全的情形，而且对负责的领导者可能造成的损害最为深远。如果你正身处“无法找到有才能的员工，并对他们委以重任”这种情况中，那么以下两种状况中有一个将是真的：

(1) 你的观点是正确的，公司里确实人才不足。

(2) 你的观点是错误的，公司里没有人才不足这回事，是你无法有效利用人才。

在第一种状况中，你需要立刻处理这个问题；换句话说，就是赶快去招募人才。你也需要了解为什么公司内部无法培养出足够好的人才。是招募新进员工时出现了什么问题吗？优秀的储备人才是不是还没成长到可以成为独当一面的领导者，就离开公司了？你公司的职业生涯发展流程和职能培训流程是不是存在问题？你和你的领导高层是不是没有好好跟踪公司人才的工作进展情况，或者没有关心他们的任务分工情形，没有过问他们的职业生涯轨迹，没有给予他们足够的训练指导？

当你在思考这个问题时，你要记住第二种解释也有可能是正确的。或许你需要对着镜子扪心自问：你（他人）是不是没有发现内部人才的真正价值呢？你需要的人才会不会就坐在你旁边？

一家大公司的重要部门主管认为她的部门人才不足，为此感到十分担忧。她觉得自己无法充分利用时间的原因，是她的直接下属都不具备承担她手上重大责任的能力。她也相信这种人才不足的现象阻碍了公司的发展，导致公司的几款新产品无法上市，若干新的营销项目也无法运作。她拿出员工阵容图，里头仔细列出了她所有直接下属及其手下直接下属的详细资料。我和她逐一浏览过这张图所列的员工资料，问她其中几位主管是否适合承担比这更加重大的责任。她称赞了其中几位主管，但对我所问每位员工的评价都是好坏参半。

我们的交谈在接下来的 3 个月持续进行，但在这段时间中有两位我们讨论过的下属辞职了。他们跳槽到竞争对手公司工作，并承担了比原先职务更重大的责任。这两个个案中，这位部门主管（在首席执行官的帮助下）都气急败坏地想说服员工留下来，对员工强调她正在很认真地考虑要给这位员工安排更重大的领导任务。但为时已晚，这两位员工都不再相信她了。他们直到离开公司时都未看出，公司有任何要培养他们或指导他们承担重大责任的打算，因此有理由怀疑上司的挽留是否出于真诚。

两位下属离开公司之后，这位部门主管受到了严重打击，而首席执行官更公开质疑她吸引并留住重要人才的能力。原本的状况就已困难重重了，现在更是雪上加霜。她这次受到的严重打击，让她主动向外寻求建议，并且使她沉下心来好好思索、分析情况。我们逐一剖析当时的情况，她才了解到在下属决定离开公司之前，她从未将这两位下属（或其他任何下属）看成是有潜力的接班人。出于这样的想法，她一直没有对下属委以重任，也没有给予下属需要的教练指导。她承认平日大小事务接踵而至，拼命追赶工作进度让人压力不断，因此她从未空出时间好好了解下属，也没有时间对他们的潜力做出准确评估。如今她才发现，过去她完全低估了这两位下属的能力，由此可见，她大概也低估了部门中其他人的能力。

我鼓励她坐下来写张清单，列出部门内的明日之星。接着她努力安排出时间与每位下属单独谈话，而她在谈话之前会找出该下属的人事档案，好好浏览下他们的绩效评估、分派工作记录及个人背景。此外，她在谈话中会主动问下属一些问题，确认她对下属的近况有所了解，而且也会鼓励他们谈论自己的职业生涯志向与目标。

通过这番努力，她完成了对每位下属的职业生涯与责任的规划。接着她根据这份规划表，逐一为部门内的最高职位制订出了接班规划草案。这项进展令她欣喜不已，但她也承认，期待了太久才开始这个练习。积极的一面是，她后来把这份接班规划呈给首席执行官看，首席执行官看了非常欣喜，建议在全公司推行这个好方法。

领导力工具：接班规划

在大多数情形下，公司内其实都存在着核心人才，只是领导者以往未曾注意到而已。规划出完善的接班流程，等于制定了一套相当有用的行为准则，可以帮你建立人才库并对它做出评估，然后赋予核心人才各自不同的重要工作。这套流程先从对自己提出一系列有建设性的问题开始："这里有人能成为我的接班人吗？"如果答案是"没有"，应该接着问："那我应该委托猎头公司，请他们从别处找来适合接替我的工作的人才吗？"

如果第一个问题的答案是"有"，公司内部确实有潜在接班人，那接下来的问题便是："目前我有没有拿出足够的时间，深入了解这些下属的志向与他们心中所想？我对工作授权一事是否应规划得更谨慎些，是否应更加集中地对他们进行指导？如此一来，我培养他们的速度会加快，同时也能检验他们的能力！我是否需要将最重要的任务分派给其中至少一位下属，来增强他们的相关技能？"

如果你决定要这样做，那么不仅你的下属的表现会进步，你自己的工作表现也会更上一层楼。当你清楚明确地逐一安排各下属的工作，关键要务的准确完成率会得到提升。你将同时提高你和下属的表现水平，因为不仅是学生可以学到东西，老师也会从有才能的学生身上学到许多东西。

但愿如此，你至少已经发现公司里两到三人可以成为你的潜在接班人。你不需要明确地告诉他们这件事，但如果你制订出接班流程，逐步加大他们的责任，那这两三位年轻人才对公司的贡献很可能会大大增加，而且他们会因此深受鼓舞，愿意充分发挥他们的实力。由于他们的工作表现大有进步，你发挥自身实力的能力也会出现惊人的进展。

回想一下我先前说过的有关资深主管对培养潜在接班人过度焦虑一事，主要是因为他们担心这些人会迫使他们提前离开好不容易获得的职位。但在大多数情况下，这种情节其实都不会成真。如果你的表现进步了，你的公司也会因此表现得更好，而你的职位因此更稳固的概率也会大为提高。

换个角度想想，你身为一位领导者，应该更关心没有培养出接班人的话会发生什么事。真正优秀的公司会奖励那些提拔出接班人的部门主管，至于明明有充足时间培养人才，却未能培养出潜在接班人的主管，就不在公司愿意提拔之列了。

提拔领导者的考量之一：是否培养了接班人

当我还在高盛集团工作时，我们在吸引、招募与培养人才方面花了很大的精力。这教会了我，找到接班人是每位领导者的重要责任，而且我也对每位直接下属灌输这个观念。我们制订出完善的接班规划流程，而且定期举办职业生涯发展讨论会，主要探讨工作分派情形、职业生涯潜能及新一代人才的指导需求。当公司出现领导职位空缺时，我们几乎都先从评估内部人选开始。当我们发现公司内有员工适合比目前更高的职位时，我们也会同步讨论由哪位下属接替这位员工晋升后空出的职位。

我们偶尔也会发现，这位员工尽管有能力晋升更高职位，却没有在任期内培养出他的原职位接班人。当我们确认此事后，便会深入探究。如果记录显示这位下属以往也未能培养出优秀人才，那我们有充足理由“不”提拔这位下属。职位更高，风险也更高，如果这位下属现在就已经无法培养出接班人了，我们还有什么理由将他提拔到更高的职位呢？

当某位下属由于上述原因而未能获得升迁，他的个人形象也因此岌岌可危。同时这项决策也会巩固企业文化，大家会了解到培养人才是让公司更强大、更成功的重要因素。

稳健接班流程的优势

接班流程一旦清晰明了，主管对培养人才的想法也会清晰起来。领导高层因此有机会给予下级主管所需的教练指导，并且从全公司的角度评估各部门的人才。

例如，如果某位部门主管确实评估过部门内的人才库，认为该部门人才缺乏，他就需要想办法在公司内其他部门发掘人才；或者有必要的话也许还得从公司外面招揽人才，以填补部门内的人才库。相反，如果有位部门主管发现部门内接班人过剩，当其他部门的领导职位出现空缺时，就能把人才移转到其他有需求的部门。这套流程可以确保有才能的主管不会被限制在特定部门，而人才发展带来的利益也能因此分布得更加均衡。

在强大的公司中，总是会有些领导者不断培养出才能极佳的下属。如果你仔细检视他们是如何完成这番任务的，你大概会发现他们善于招募人才、指导人才，而且非常缜密地思考如何将工作安排给最合适的人。你也会发现，这些领导者通常会将公司利益放在第一位，个人利益放在第二位，他们克服了自身的不安全感，全力使公司变得更好。以我的经验来看，优秀的公司及非营利机构几乎都是由这种人建立起来的。他们应该获得奖励、升职，而且被奉为企业内的典范。

发展有利于接班规划的文化

你和你的公司要如何发展出有利于有效接班规划的文化？我们就说得具体一些，在此指出 4 个你可以采取的行动步骤，而你与你的同事很可能还会发现其他更符合你们实际状况的流程。

制作公司阵容图

如前所述，制作公司阵容图其实很简单。相关部门主管（包括你在内）应该列出各自直接部属的职位，并且列出经过一段合理时间后，可以接替该直接部属职位的人才。如果可以的话，列出每位候选人的个人信息、对其优势及弱点的评估、职业生涯发展需求，以及该下属对自己的职业生涯志向描述。公司领导层应该每年或每半年就对这份人才分析图进行评估。通常经过这番分析后，就能针对每位候选人制订出各自的发展规划及其他相关决策，比如决定从公司外部招募所需人才。

公司阵容图没有固定的格式，要根据公司的规模与复杂程度而定。我看过只有单张双面纸的阵容图；也曾看过一家中西部的民生用品龙头企业总部，在一间大型无窗的房间里贴满了 3/4 墙面的阵容图，上面密密麻麻地标记出了数百位不同级别的经理，并且用不同颜色标出其职位功能、教育程度、技能组合和个人职业生涯志向等信息。该企业主管将那间房间称作“作战室”，每当一定级别以上的职位即将出现空缺时，领导高层就会进入该房间，检视阵容图上的标记，讨论该将谁放到即将空出的职位上。

除非是规模数一数二的公司，否则对大多数公司而言，这种阵容图太夸张了，但你从中可以了解一点：阵容图是一件应该认真对待的事情。你应该要求各部门主管针对自己负责的领域做出这番分析，而你和直接部属定期举行评估会议时，应该将这个主题纳入讨论中。按照这份阵容图并有效执行，你培养、部署人才的能力也会逐渐提高；而且若想让企业保持成功，阵容图更是不可或缺的一环。

量身打造出职业生涯发展规划

你应该针对公司里各要职的潜在接班人量身打造出职业生涯发展规划。这份规划内容包括由谁负责做潜在接班人的教练（也间接规划出由谁负责当这位教练的“教练”），以及为了提升该潜在接班人的能力而可能分派给他的任务，例如“设立新部门”这种会改变公司架构的挑战。

这些职业生涯规划必须定期讨论、更新；讨论不应该只流于形式，而规划也必须根据形势变化进行调整。更新每一位直接部属的职业生涯规划，是部门主管该担负的责任。

评估与后续跟进

你应该每半年或一年就和你的重要部门主管举行接班规划会议。在年终评估之前（见第三章）就要做好后续跟进，确保每位教练都尽到各自的指导职责，而每位潜在接班人都有足够的时间进行补救，能根据依照各自发展需求所制订的行动计划改进其弱点。为了逐渐增加每位潜在接班人的责任，分派给他的工作需要精心规划，而且内容应该定期更新。

最后，要确保“培养重要人才”一事成为公司年终评估、晋升职位及奖励制度中所必须考虑的一项考核标准。

成为培养人才的典范

你必须亲力亲为，成为人才培养方面的典范。你应该安排出一定时间，专门用来发现人才、给予重要员工所需的教练指导，以及为你的直接部属精心规划工作安排。

另外，你要想想如何将你的承诺转化为“可见的”行动。你必须亲自出席重要的接班规划与人才评估会议，这些事情本来就很重要。此外，你在接班规划方面的良好表现，对公司也有正面的教学作用。你的亲力亲为会向公司全体员工传达出培养人才的重要性。

一家很成功的全球工业公司，其领导团队在接班规划各方面都做得相当出色。该企业首席执行官要扮演的角色不只是首席执行官，他认为自己扮演着多种角色，其中一个就是公司的“首席人才官”（Chief Talent Officer）。为了成为主要业务领域中的龙头，并为世界带来正面影响，首席执行官认为人才是企业的重要竞争优势，必须加以培养。他本人就很自觉地拿出20%的时间来吸引、招募及培养重要人才，他相信公司的人才库永远是不够的；而且他也认为在寻找、招募及培养杰出人才时，保持如履薄冰的审慎态度无疑对公司的健康发展大有裨益。

该企业的接班规划流程相当周详，而且与教练制度、评估制度及培训流程搭配得宜。该首席执行官公开形容自己是“办公室小团伙的敌人”，并声明他希望全公司上下都尽其所能地体现多样性，不仅是种族和性别多样性，在思想与观点上也要体现多样性。

尽管首席执行官与其直接部属在工作中往来密切，但他不允许自己在工作之外成为下属的“好哥们儿”。他向我解释这件事时，质疑以往诸如强调领导者社交能力、主张领导者应该成为重要下属朋友的想法。他担心的是，这种社交行为恐怕会传达出一种信号：主管如果想要升职，首先要和首席执行官成为私人朋友。这位首席执行官在一次令人难忘的谈话中说过，如果他讲的笑话不好笑，他不希望下属们假装跟着笑。他冷冷地说："其实，我讲话就是不好笑嘛。"

当我与该企业的主管谈话时，我可以感受到他们非常尊敬这位首席执行官，而且对他忠心耿耿。当我问起原因时，其中一位主管说了下面的话，而且我从其他人口中也得到了相同的答案："我相信这家公司很公平。我知道别人会根据我的工作优势来评价我，而首席执行官会从我的工作表现来评价我，而不是我跟他关系有多好。我们公司的人才培养流程做得很好，我非常有信心可以在这里接受挑战、得到教练指导、被分派合适的任务，让我有机会大展身手。我对公司非常忠诚，我也知道首席执行官会为了公司全体的利益而做出决策。我相信对公司最好的决定，最终也会是对我最好的决定。我相信自己在这里可以充分发挥潜力。"

哇！如前所示，这可不是特例，而是公司上下一致的看法！在这里，大家都知道不同观点、不同意见、不同背景的重要性，而且评估他人时懂得根据专业表现而非私交，以追求公平一致的环境。总而言之，这家企业的领导团队信心满满地带领公司前进，成为令人印象深刻的业界典范。

当你制订出可以发掘潜在接班人和新兴人才的流程时，你就知道该将重要任务授权给哪些人了。

就像我们之前讨论过的，无法找出合适的接班人的原因，几乎都与领导者不愿或不能充分授权工作有关。每当我遇见为工作所累或觉得自己所在的公司无法充分发挥潜力的领导者时，我就知道这又是一位将太多时间花在次要工作上，却花太少时间完成关键要务的领导者。

例如：拉丁美洲一家大型私人企业的首席执行官来哈佛大学给学生做演讲，他顺便来我办公室时，开口就说，可以逃离公司真好，哪怕仅仅是几个小时也令他兴奋不已。他看起来压力很大，心情似乎很沮丧。在最近的经济危机中，这位首席执行官所在的公司与其他公司遭遇相仿，都遭受了重创。不论是职业生涯还是个人生活，这都是一场严峻的考验，因此他觉得自己“累坏了”。

他向我解释道，他非常希望可以将手边的某些工作授权给他人去做，但他不认为有适合的人可以接手。他告诉我：“我忙着应战啊，罗伯特，我知道你一直强调花时间处理关键要务的重要性，但你不懂，我就是没有多余的精力去跟客户接触，去实行其他新措施，或给予员工教练指导。而且我的孩子开始抱怨我老是不在家，我的太太也对我失去了耐心。我现在感觉被困住了，甚至快要窒息了。”

我们两人继续探讨前几章提过的议题：他对公司有何抱负呢？为了实现抱负，最重要的3~5项要务是什么？

当我们进行到这里时，他就发现自己近几年来都没有认真思考过这些问题，而最近发生的经济危机大概不知不觉中改变了他对这些问题的看法。他主动说道：“还真有趣啊，我想我应该定期花时间想想公司的愿景与要务才对——而且现在形势变得非常糟糕，我更应该好好思索这些议题。”

我们几周后再次碰面，他列出了修正后的关键要务清单（都是思虑周全、能振奋人心的做法），我们接着找出他运用时间的方式不切合这些要务之处。然后我们浏览了公司领导者名单，逐一讨论每位领导者的情况。其中很多人的学历都很高，还有一些人在之前的公司有出色的表现。

征得首席执行官的同意后，在接下来的几周里，我和其中几位领导者见面谈了谈，并深入研究了每个人的背景，以及他们以往年终评估的结果。信息搜集齐全后，我又与首席执行官碰面。我们一起讨论这些领导者目前的职位，根据他们个人的才能与热情该委以何种重任。在讨论过程中，我劝首席执行官要思维开阔：没有什么是非保留不可的，也没什么是非去除不可的。

经过这些讨论后，我们终于确认首席执行官手边有哪些任务可以放手，以及可以分派给哪些领导干部负责。转换责任之后，首席执行官要定期评估任务的进度，这样一方面可以确保下属得到所需的工具、支持及教练指导；另一方面，首席执行官评估进度后，可以对授权重要责任一事稍稍感到放心。

当下属得知要增加他们的责任时，不用说，他们都非常赞成；他们觉得自己受到老板甚至是公司的重视。他们很高兴首席执行官开始放手让他们发挥才能，也很庆幸首席执行官终于有时间从事公司最迫切的要务了。

当然，这些改变绝非易事，在执行阶段尤其困难。我定期记录首席执行官的进度，发现他有时会忍不住走老路：一头栽进其实不需要他忙碌的事情。我们讨论后达成一致，如果他下次忍不住又要插手时，先练习“从1数到10”。他运用了这个方法后，阻止自己插手不重要事务的成功率大为提升。

这位首席执行官也发现，他现在不但学会了放手授权，他授权出去的任务如今也能更有效地完成，质量还比他之前做得好许多（因为他的下属更有时间好好完成这些任务，而且他们在特定领域中比首席执行官更专业，经验也更加老到）。如今首席执行官终于能多花心思拟订策略、维系重要客户、给予教练指导，而且通常能赶回家与家人共进晚餐了。

领导是种团体运动

不幸的是，这样的故事太稀松平常了。领导者就是抽不出时间从事对公司真正重要的任务——这种不幸的故事情节，我已听过无数次了。为什么会发生这种事？也许他们还没规划出接班流程，找到合适的潜在接班人？他们有没有充分授权给这位接班人？他们有没有给予他充足的教练指导？

如果上述这些问题中某一个的答案是否定的，他们就需要扪心自问原因何在。这可能需要他们面对心中的不安全感及个人风格。他们还需要克服自己的控制欲，练习“放弃一些控制权”，也就是我说的“共同承担责任”。

领导是种团体运动。我们将这个比喻延伸一下，好的高尔夫球员是单打独斗的个人英雄，好的网球选手和保龄球选手也是这样；

与之相反，经营一家公司则是团体运动，而在团体运动中，若只仰赖最佳球员单打独斗，要想击败出色且上下一心的敌手，其成功概率是微乎其微的。

因此你必须自问：我从事的究竟是哪种运动？身为资深领导者，你应该知道你不仅必须整合出一个拥有必备技能的团队，还需要针对团队中的每一个人授权其相应的责任，以完成每项重要任务。如果你在足球场上抱着打高尔夫球的心态，你被彻底击败的概率就变得非常高，而你怎么会想采取必败无疑的方式来领导你的公司呢？

无意中出现的决策挡路人

也许你已经照着前述步骤去做了，你可能已经找出应该授权他人去做的重要任务，找到适合承担任务的人才，也已经将责任授权给这些下属了。

但不知怎的，你似乎仍无法从责任重担中脱身。责任最后总会回到你这里。仿佛少了你的参与，问题就无法解决。

一家总部位于欧洲的房地产公司，其首席执行官来哈佛商学院学习一门课程。当时有堂案例分析课主要探讨接班规划与授权的重要性，下课后他便来看望我。我们讨论了他所在公司的策略选择，他坦言工作授权这个方法对他不起作用。接着他描述了自己如何被“拉回”先前已经授权给下属的种种决策，并对此有些懊恼。这位首席执行官问我下次去欧洲时是否愿意来他的公司，顺便与他及几位领导高层见面。

几个月后，我去了那家公司。开过几次会后，事态逐渐明朗起来：尽管这位首席执行官确实把工作授权给其他人了，但他并未退居幕后。当他授权出去的工作出现问题，下属请他协助时，他通常未直接拒绝，也没有叫那位下属去问负责这项工作的主管，反而答应了下属的要求。然而，这个决定会立刻让原来的授权失效，而且原本负责工作的主管也会对权责归属感到困惑。

此外，这位首席执行官还有个坏习惯：他会事后审核下属所做出的决定，就连对公司整体进度无关紧要的小决定也要过问。他做的不只是“挑出不同意的地方”，而是毫无原则地想改就改。这种缺乏纪律性的行为效果立即显现出来了：尽管他名义上已将工作授权给各个主管，这些主管却回头来请他“批准”他们所做出的决策，连次要的决策也不例外。这种事开始在公司内口耳相传，越来越多的主管请他审核决策。这些主管跟我说：“这样可以节省时间，反正我知道他一定会插手的。”最糟糕的情况莫过于当首席执行官已经忙不过来时，大家仍等着首席执行官亲自做出日常决策，因此决策被迫暂停。

与此同时，该公司正面临数项策略方面的挑战，但首席执行官目前似乎没时间处理这些问题。我发现有几位重要资深主管甚至考虑要离开公司，因为他们觉得公司太“漫无章法”了。

我将观察结果原封不动地呈到首席执行官眼前，并就这个结果与他谈了很久，他也谈到其他人做某些工作就是无法做得像他一样好，光想到这一点就让他抓狂。他承认从理智的层面上看，他不需要把每件事情都做到最好，也知道假如他再不停止干预决策与事后审核，并且支持下属接手工作，那整个公司的策略定位和走向都会陷入困境。在那之前，首先面临的危机就是优秀人才离开公司。

我在 6 个月后重访该公司，发现这位首席执行官已在这方面下了一番功夫，取得了一定进展。成功并非一蹴而就，但他现在更有动力处理这个问题，也更愿意改善现状了。

学会挑重点决策

这个故事与你的处境有什么相似之处吗？即使是不那么重要的工作，一想到由别人来做便没你做得好，你是不是就感到恼怒？如果是的话，好好改掉这个习惯吧。明明已经授权他人做的工作却又揽回自己身上，或是事后审核下属决策时过度干预，都会让你变成决策挡路人，而且会将你拖离原本你该做的正事。

如果你真心想要将工作授权给他人，首先要确定一点：当你授权工作给重要下属时，你会在背后支持他们的决定。只有工作已重要到需要你参与的程度，才有出手的必要。当你倾向干预决策时，要确认你已事前与负责的主管讨论过这件事。

总的来说，你可以考虑对你的主管说出类似下面的话：“X、Y、

Z由你来决定，我完全不需要参与。至于A、B、C，请你来找我确认。如果你在其他方面需要我的意见，当然可以来问我，但除非你认为这样有用，我才会很乐意帮助你。”如上所示，除非你有非常好的理由，不然应该尽力避免事后审核下属的决策；放心授权，然后再做好损害控制的准备吧。

领导者身后的影子

领导者背后总会投下影子，也许你看不见这个影子，但你的下属却看得一清二楚。

美国西海岸一家私人公司的首席执行官向来被认为是该行业的先驱，而且在任时成就斐然。当时他60多岁，也是该公司的大股东。因此他担心当他不再担任现行职务时公司会变成什么模样，也是情有可原的。

他告诉我，他向来不吝于给予员工报酬，并且认为自己身边已有一群非常优秀的人才。同时我也知道，他发掘、招募人才的眼光是大家公认的好，而且他非常清楚如何授权重要任务给下属，并懂得事后支持下属的决策。他的问题只有一个：尽管他已经做了许多我在本章中讲到的事情，他还是不能确定一旦他离开公司了，公司能不能继续有效运作下去。过去这5年来，他为了发展公司后备人才力量，确保日后能有一群可接替他职位的人才，已经聘用了好几位具有管理与领导经验的领导。我曾和其中几位领导者碰过面，对他们优异的能力印象非常深刻。

那他为何还是对接班一事如此不确定呢？问题在哪儿？真的有问题吗？当我和他及其他领导相处一段时间后，情况逐渐明朗了：他就是无法克制自己插手干预他人工作，以维护自己在公司的地位。他无法放手让身边这群以“卓越”形容也不为过的人才做好工作。没错，确实是有问题：这位首席执行官在公司受人尊敬的程度非常高，即便是他轻轻在你肩上拍一下，（对他身边许多下属而言）也像是放了块沉甸甸的铁板。一位职位颇高的主管这样说：“他投下了一道长长的影子。”

你身后的影子又有多长呢？如果你是公司创办人，目前又是公司的元老，可要注意了。你可能需要采取关键步骤，缩短你投下的影子。其中包括认清一点：你的下属做起工作来可能无法像你做得这么好，实行的方式可能也不同，但这不代表他们无法有效完成这些工作。放手让他们去做，可以让他们得到锻炼，并将你从这些工作中解放出来，转而着手从事公司迫切需要你关注的任务。

滑向未来

韦恩·格雷茨基（Wayne Gretzky）——或许可称为史上最伟大的冰球运动员曾说过后来广为流传的一席话，他说他的挑战不在于滑向冰球去过的地方，而是预期冰球的去向，再朝该处滑过去。领导好比打冰球，领导者需要用心打造他们的公司，才能在变化万千的市场中与他人竞争。因此领导者需要具有预见世界动向的能力。

一流的领导者知道不论他们多有才能，都无法独自完成这项挑战。他们知道必须要招募到一群才能多样化的人，再根据这些人各自的不同技能与志向，逐步培养他们的能力，并将他们安放在公司的重要位置上，如此一来，他们才能对公司做出贡献。我坚信越早培养这套思维模式，年轻领导者成功的可能性就越大。

接班规划，便是发现与培养关键人才过程中不可或缺的一环。健全的公司会制订出全公司的接班规划流程，帮助各级主管学习如何有效发现与培养重要人才。这对新晋经理人来说格外重要，因为他们可能还不习惯将主动发掘、培养人才当成重要的工作。

假如能运用接班规划流程，部门领导者便能在深思熟虑后，将责任授权给他们发掘的新兴主管，而该部门乃至整个公司也能打造出能力优异的领导层。此外，如果能好好发展人才库、充分授权任务给下属，领导者还能因此从原本的杂务中脱身，抽出时间处理公司目前所面临的重大挑战。

就像本章先前所讨论过的，许多主管都认同授权的重要性，但对于接班规划的重要性就有所保留。我希望本章可以说服你相信授权与接班规划这两者的直接关联。如果无法在这方面打好基础，那么不论是要实现你的愿景与关键要务，还是将足够的精力用来完成需要你亲力亲为的任务，都会变得更加困难。

建议后续步骤

1. 为你的部门或是整个公司制订出接班阵容图（如本章先前所示）。在这份文件中，应该列出至少两三位接替你的职位的潜在接班人。
2. 写出每位潜在接班人发展方面的重要需求，以及为了培养他们未来可能接班的能力，你需要采取的特定行动。逐步形成特定的发展规划，并善于运用第三章后续建议行动中提到的行动步骤。
3. 对于你已承诺要授权的重要工作（见第二章），请开始将这些工作与阵容图中所列出的候选人相匹配，接着将工作分派给他们。
4. 将你授权出去的工作，根据各工作在企业内的重要性加以分类。根据这项分析，标记出哪些工作必须做到“最好”，而哪些工作做到“还算可以”就行。问问自己是否已按照这项分类来判断参与已授权工作的程度。此外，请记得参与的方式应该是给予下属需要的教练指导，而非直接干预下属决策。对自己许下“决策挑重点”的承诺，确保你直接干预（以给予教练指导为前提）的是极为重要的工作。
5. 请各部门主管也对他们的直接下属练习本章建议的步骤。

哈佛商学院最受欢迎的领导课

What to Ask the Person in the Mirror

Critical Questions for Becoming a More Effective Leader and Reaching Your Potential

第五章　为你的团队把脉，做出相应调整

鼓起勇气，重新评估你的团队。

你的公司规划依然与你的愿景和关键要务相契合吗？

如果今天你可以重新规划你的公司，你会对所用人才、重要工作、公司架构、公司文化及你的领导风格做出什么改变？

你为何至今仍未做出这些改变？

你有没有督促自己与公司做这个“重新洗牌”的练习？

许多成功的公司或非营利机构都会经历一段达成重要目标的完美时光：每件事情的节奏都恰好合拍；人才结构也刚好符合公司需求；公司追求的市场细分正好切合其独特能力，因此能提供有效服务；分派工作的方式很高效；升职与薪酬制度为员工提供了足够的动力，激发出公司想要的员工表现，因此得以完成公司要务；公司文化培养出有助于公司成功的员工行为；领导者的管理风格很有效，他们也受到广泛尊敬。如果这样的情况发生在商界，则该公司必然处于高利润阶段，企业的运营也越来越稳健；而若是非营利机构，则该机构必然能够提供高质量服务，满足社会的需求。这时员工士气高昂，大家对自己的团队充满自豪感。

当这些要素结合在一起时，工作会充满乐趣，不论是员工或公司重要成员都会对现状非常满意。而对想成为或已成为领导者的我们而言，长久以来梦想打造的公司环境如今已然成真。

然后事情就出现变化了。世事就是如此。

迟早有一天，某件事情会打乱特有的节奏，导致公司或轻或重地偏离正轨。刚开始可能不明显，要过一阵子才会发现，但挑战已悄悄扎根。

会发生什么事情呢？什么都有可能，因为世界时时刻刻在改变。例如，可能出现经济衰退；业界出现旗鼓相当的对手；产品周期进入成熟阶段或发生商品同质化；竞争对手推陈出新，严重威胁到你的商业模式，公司至少有一项独特能力因此遭到削弱；功不可没的宝贵人才被对手挖走；你的团队的核心成员决定退休。

也可能是你自己变了。你开始感到无聊，因为你已经成为所谓的“成功人士”了；你不再倾听下属的意见；你厌倦了拜访客户，以及迅速满足客户多变的需求（说不定你认为自己一直是对的，客户最好也这样认同）；也许你已赚了大钱，决定改变利用时间的方式。不管是什么理由，这份工作就是不如以往那样既有趣又有意义，而这种变化也影响到你的领导行动。

我可以举出无数例子，分门别类说明公司内外可能出现的变化。这些变化可能会为企业文化带来负面影响、削弱公司的独特能力、改变公司对客户的价值主张，而以往将公司带往成功之路的特殊优势，也可能因此遭到侵蚀。不论是哪种负面影响，关键在于：公司设计已不再与愿景和关键要务相契合了。一定有什么地方需要做出改变。

案例：打造非凡的科技公司

一家总部位于加利福尼亚州门洛帕克的科技公司，自 20 世纪 80 年代创立以来，成长相当稳健，业绩日趋增长。公司一路走来确实经历过阵痛期，但整体表现非常优秀，公司运营也契合目标：生产出合乎广大客户需求的创新产品。此外，经过这些年的努力，该公司已打造出擅长研发的优秀团队。

这家公司成功的其中一个原因，在于他们的旗舰产品具有非凡优势：整合软、硬件的程序包。该公司的主要客户多为全球性的大型工业企业，而这套产品对他们的制造流程相当重要。这家公司当初就是以这套产品为核心发展起来的，多年来也对这套产品精益求精，并发展出其他相关系列产品，以配合客户日渐演变的需求。

公司的资深领导者中，有许多人是从公司创立初期开始就在此打拼。其中，首席执行官本人在招募人才方面相当厉害，总能从硅谷发掘出具有几年工程与产品设计经验的优秀人才。由于首席执行官本身就是很出色的软件工程师兼产品设计师，因此他会亲自给予这些新进人才相关的教练指导。此外，首席执行官也会花很多时间与公司的产品研发部设计师相处，指引他们往正确方向思索客户需求，并且展开头脑风暴，想出设计、更新产品更好的方式。

数年过去了，当初约15人的产品设计团队也分化成不同部门，如此一来，公司便能针对不同业界客户的制造流程需求设计出更细致的产品。随着员工经验逐渐丰富，他们便开始效仿首席执行官的作为，并且教练制与创新思维在公司内盛行。公司当时还形成了非正式的伙伴制，每位资深员工分别负责带领一位年轻同事，协助后者的事业步入正轨。

该公司于20世纪90年代公开上市，到2006年，该公司年销售额已超过20亿美元。在这段时期，他们缔造出令人刮目相看的收入与利润表现；更重要的是，该公司已累积了一批相当忠诚的客户群。

该公司于2006年推出了一项创新产品，以满足目前客户的重要需求，并让公司扩大客户群，将产品销售给其他未合作过的业界客户。随着新产品的问世，首席执行官相信公司需要加强销售力量，增加销售人员数量以支撑潜在的销售增长率。公司董事会对此举相当支持，商业环境也很乐观，前途看似一片光明。

然而，2006年还没结束，种种紧张迹象已开始显示出来。首席执行官与他的资深下属发现他们的时间总是不够用。公司要扩大规模的话，工作量也会增加，但他们就是没有时间做完这些工作：培训新员工、设立新的产业部门以提供高质量服务，以及满足现有客户的需求。公司员工工作超负荷，大家担负的责任越来越重，出差也频繁得多。然而，尽管工作时间增加了，许多人却抱怨成就感越来越少。首席执行官发现公司运营开始出现根本性的错误，以前这种执行方面的失误很少见。

压力逐渐增大，士气也逐渐下滑。几位重要员工在没有明显征兆的情况下离职，其中两位向竞争对手投诚，转去新成立的技术公司任职。首席执行官发现，这些新创公司像极了他的公司刚创立时的样子，为此懊恼不已。这时雪上加霜的是，两位长期合作的客户决定终止与公司的合约，转而向该公司的竞争对手购买产品。这几位客户将这个决定告知首席执行官之后，大家召开了一次会议。这些客户在会上坦言，他们觉得该公司已不再能及时满足他们的需求，公司对增长率的关注程度超过了对忠诚老客户提供服务的意愿。这对首席执行官与整家公司而言，无疑是一个巨大的打击。

以往让众人工作起来收获满满、充满乐趣的公司，如今面临严峻挑战。首席执行官对节节下滑的股价感到担忧，他也开始思考，为了建设公司新总部大楼，刚签好的土地长期租约该怎么办。签下这个契约是不是一个错误?

当我于 2006 年初次与这位首席执行官碰面时，他单刀直入地问道："我以为增长是件好事，但现在我不太确定了。其实我觉得，如果当初我们规模小一点儿的话，会是一家比较好的公司。"他一边说一边摇头。

我们谈论了该公司数年来的发展轨迹，他坦承他不确定随着公司快速成长，他们是否采取了恰当的应变措施。他不确定设计团队及销售部门是否有足够精力满足旧客户时时变化的需求，同时又能达到新客户的期望。此外，他还担心公司来不及针对产品研发及销售部门的新员工，制订出一套培训及指导的系统化流程。

伙伴制在之前公司规模没这么大的时候运作得还不错，但在公司快速成长的种种混乱中，这个制度已不知不觉地被抛到一旁。除此之外，研发团队本来定期会与销售部门开会，以便掌握客户需求及竞争对手的新进展；而且研发部门的人也会陪同销售部门的人去拜访重要客户，并将这件事情视为关键要务。然而，随着大家出差的次数越来越多，常常改成电话会议，甚至有人索性不参加这场跨部门的会议；产品研发部门的人陪同拜访客户的次数也变少了。

首席执行官本应该将产品设计、销售管理及协调部门合作方面的重要责任逐渐授权给身边下属，但他却没有做到这一点。他也没有把新进员工培训、投资人关系及其他重要的公司职责分派给其他资深领导。

因此我建议首席执行官应该与资深领导开一场度假会议，而我也同意担任会议主持人，推动会议流程顺利进行。他们将会从繁忙的日常工作中抽身，检视公司如果要成功实现愿景，完成要务，哪些流程、员工、工作及激励机制是不可或缺的因素。此外，会议中也将谈到，首席执行官手上的重要工作该如何授权给其他资深领导，以及首席执行官如何根据公司扩大后的规模及目标，改变自己的工作内容及领导风格。其实我本可以指出，这场会议早在该公司做出几项关于公司发展策略的决策之前就该举行了，但此时木已成舟，为时晚矣。

这场会议刚开始时气氛很紧张，大家的互动有些尴尬。这群资深领导已经好几年未曾一起到外地开度假会议、讨论公司重大议题了。每位主管对公司近来的运营轨迹都感到不满，有些人私底下抱怨老同事，而有些人则担心自己会因为没能克服某些困难而成为大家指责的对象。

我带头做了些会议热身练习，让在场人员更愿意敞开心扉倾听与交谈之后，大家首先开始讨论的议题便是公司的愿景与要务。我们讨论到是否应该继续扩大公司规模的问题。他们还想要继续开发新产品和创建新部门吗？如果是的话，为什么要这样做呢？还是他们应该留在原地，继续发展固有的产品就好？决定开发新产品、拓展新市场的标准是什么？

他们每个人都表达了自己的观点，最后得出的结论是：在竞争者众多、瞬息万变的科技产业中，他们这种上市公司不应该维持现状，而应该开发出能满足客户日新月异需求的新产品，并根据该公司服务于客户的独特能力，走出属于自己的成长道路。

他们经过一番激烈辩论，弄清楚公司的独特能力及愿景是什么之后，终于对未来规划有了一致结论。他们理解到以往只注重公司利润增长是失衡的表现，如果想要为公司的新方案找到指引的灯塔，他们应该遵循以下目标：（1）开发出优异产品。（2）了解客户需求并提供相应的服务。（3）给予投资人持续增长的投资回报。

为了实现上述目标，他们认为公司应该放慢推出新产品的脚步，给公司的产业新方案多点儿时间，并把足够时间留给：（1）培训新员工。（2）开发新客户，并与之维持密切关系。（3）制订出其他重要内部流程，以符合公司扩大规模的需求。

其次，他们将重点放在公司内部的变化上。销售部门应该重新整顿，才能跟上研发部门的工作进度。此外，原本每周举行的跨部门会议应该照常举行，并且由首席执行官本人主持（至少前6个月的）会议。

其他领导者也当面要求首席执行官进行更有效的授权，将特定的重要工作分派给资深下属：例如，新人招募及整合，销售及研发部门间的合作等事项，就需要由首席执行官本人逐项分派给其他下属进行，因此他们也讨论到哪些特定工作应该交由哪位主管领导的团队执行。

这个练习对首席执行官与其他资深领导非常有用，他们因此明确了该做出哪些必要的改变。但具有讽刺意味的是，其实几年来公司里一直都有人提出类似意见，只是大家从未积极地对待与实践罢了。

值得称赞的是，首席执行官之后便根据讨论结果带头行动，做出了许多关键决策，让公司接下来一年的运作可以重新步入正轨，契合愿景与要务。如众人所望，这些关键改变也为公司下一阶段的发展打下了良好基础。

如履薄冰是好事

从我的简要复述中，这家科技公司偏离愿景与要务的情况似乎很明显。但说实在的，当时根本看不出什么端倪。

在现实世界中，单单从公司或非营利机构内部的观点来看，很难发现整个组织的发展偏离了愿景与要务。很多领导者都没有及早看出公司的问题，直到问题显现出来才发现公司走向早已偏离正轨，不再契合愿景与要务。早在问题恶化成急迫重症的多年以前，各种问题已悄悄扎根、生长，愈发严重。然而从表面来看，整个组织在这段时间内可能还是维持着高效的运作。

问题早期的警示特征，包括员工士气下滑、重要员工离职、客户方面的传言不断、自我过度膨胀（例如开名车、买别墅及其他彰显成功的摆阔商品等），以及公司核心人物的名声败坏。

最终，上述情形都会逐渐累积达到引爆点，在那之后，问题就清晰浮现出来，但同时也令人痛苦不堪。引爆一切的事件通常是经济不景气、对手使出新招或其他外部环境的变化。不过雪上加霜的是，那时要采取正确行动往往为时已晚。门洛帕克的那家科技公司虽未达到引爆点，但他们先前确实是朝着危险前进的。

在前面的章节中，我已强调过领导者授权工作的重要性。然而，检查公司契合度是少数领导者不能全部授权给他人的工作。高效领导者知道，他们所担负的一项重任便是定期检查公司事业是否已不再契合公司愿景。关于这个主题，我喜欢这样说："如履薄冰是好事。”当你仔细勘察公司的运作，确认重要元素是否依然契合所定志向与要务时，保持适度的偏执对你是有益的。

定期更新行为模式

身为领导者，你应该亲自选择重要下属，决定公司必须用心完成哪些关键要务，设计公司的架构，并为这些事情负起最终责任。这一系列由你完成的重大决定，再加上你个人的领导风格，就形成了公司文化。如果规划得当，重要目标与要务也得以完成，企业整体就与愿景、目标紧密契合；当一项或多项决策忽略了公司要务，企业也会跟着偏离正轨。

通常企业会在某些方面运转良好，其他方面则偏离愿景，而且核心业务的状况往往不断变化，在契合愿景和偏离愿景这两种状态之间交替。这是因为世界随时都在发生变化，而且如今大多数产业中的竞争都非常激烈。

领导者在理智上都很清楚这些事情，但要让他们从情感上也接受重要员工及公司其他关键元素都需要更新，就是一项不折不扣的挑战。如果领导者本身就是公司的创办者，或已掌管公司多年，他们则更难接受改变。有时候，你的某位重要主管的职位要求已经发生本质的变化，因此他不再适合留任；但对于大多数领导者来说，光是观察到这点就很困难了，更别提接受了。或者，某位主管亲手将部门发展到现在的规模，但如今整个部门已经变得太庞大或太复杂，原本负责部门业务的这位主管疲于应付，这时要将老功臣调离原职位的难度也一样大。假如原本的主管愿意与其他主管携手合作，那么他在拥有目前部门所需技能的主管的协助之下，成功完成工作的希望应该会大得多，而且也可以延长双方的职业生涯之路，但如果这位老功臣强烈抗拒与他人合作，这一难题就会变得更加棘手。

在很多个案中，要停用一条对公司历来发展相当重要的产品线，也是无比艰难的。你在理智上也许知道再不停掉这条产品线，就等于分散公司资源，将本该用于打造公司未来的宝贵资源放在不必要的地方。不论这是好是坏，我们人类往往会对老的东西产生情感上的依赖，忠心耿耿——连对逐渐脱离时代需求的产品线也一样。

要改变公司的薪酬制度，或是其他向来如此的流程，也同样困难。即使领导层真的了解，传统薪酬制度无法激发有助于公司成功的员工行为，而且也无法给予做出贡献的员工相应的奖励，却很难下定决心对制度进行改革。当公司想要在短时间内大幅度提高部门间的交叉销售量，而目前的薪酬制度仅有利于个体生产，而不是团队导向行为时，就会面临上述难题。

做出改变可能会激怒长期工作伙伴、家族成员（如果是家族事业的话）及董事会；如果前任首席执行官还在任，也可能会大为不悦。虽然每个人对冲突的忍耐度不同，但或多或少都会想避免冒犯上述这些重要关系人，以防被人视为冷血动物。

最重要的是，做出改变可能会让你感到不那么舒服。你可能和多数领导者一样，已建立起一种特定的行为模式，纵使你已察觉到这套模式不再具有生产力，也不想改变现状。

也许你认定现在还不是做出改变的最佳时刻，你可能对此做出了一番合理解释，认为改变公司目前的关键组成部分将会导致意外后果，影响公司日常工作及人际关系，而且重要员工会对新增的工作感到不舒服，分散他们原有精力。最后，这些计划中的改变可能会剥夺重要职位的乐趣，甚至包括你的职业。

既然改变会带来这么多麻烦，许多领导者会说："经过各方面的考虑，我们何不再多等 6 个月，再来考虑要不要做出一些改变呢？"或者还有更"好"的提议：如果我们可以就这样蒙混过关，何乐而不为？正如那句谚语所说："如果东西还没坏，干吗要修它？"

"该做什么"和"要怎么做"

我提供的答案如下：首先，你需要分析公司的现状是否与公司愿景及要务契合。如果答案是否定的，你再评估情况的紧急程度，判断要做出哪些改变，并确认做出这些改变的困难程度，以及需要哪些技巧。

从一开始，你就应该尽力将"该做什么"和"要怎么做"区分开来。如果一下子就跳到"要怎么做"的问题上，很多主管连"该做什么"的问题都还没想好，就先把自己给吓住了。他们（有时错误地）预测改变将与公司现行文化相抵触，并引发内部反对浪潮。因此他们从未坚持到底，弄清楚要改变的话，该先从哪个核心问题着手。

做出一番分析之后，你能看得更清楚，得以评估哪些改变对公司不太重要，而哪些行动又是为了维系公司目前的稳步发展与竞争定位非做不可的。到了这时候，你会想要有一份行动计划，确认该如何实施必需的变革。

案例：施乐公司的防微杜渐

关键问题是你不应该再拖延下去了，而且你应该定期检视现状并做出改变。设计主动检查的流程可以帮助你防患于未然。当然，有些高管相信危机正好可以为改变创造机会；我则主张，一家运作良好的组织不需要等到危机来临再开始改变，否则可能会错过很多妥善处理问题的时机。如果等到危机来临再想办法，你可能会被迫做出带有扰乱性，甚至破坏性的决策。但假如你当初主动积极地解决问题，就不需要面对这种难题了。那些具有扰乱性、破坏性的选项可能会对公司、员工及竞争优势造成长久的损害。

我们就来简要地分析一下施乐公司（Xerox）的案例吧。施乐公司多年来都是复印机产业中的龙头老大，几乎垄断了整个行业（有些人不会说“复印”东西，而是“施乐”东西）。这家公司有着光辉的创业历程，员工都对此了解并相当引以为荣。由于施乐公司当年是围绕突破性的创新产品开始了发展之路，因此该公司明显以产品为导向，而非以客户为导向。

多年来，公司一直运作良好，因此他们不太担心产品创新方面的问题。尽管公司在加利福尼亚还保持着涉猎广泛的研发能力，开发个人计算机、鼠标及其他尖端产品方面的创意，但该公司不像其他竞争对手一样积极主动，倾注大量精力将实验室里的新理念商品化。

这种运营模式有效地维持了相当长的时间。施乐在当时获得了很高的收益，其股票对长期投资人来说是投资组合中的重要选择。

但后来一切都变了。20 世纪 80 年代，来自日本的竞争对手研发出其他替代技术。这场数字革命逐渐波及影像领域，打乱了像柯达、施乐这种原本心高气傲的老牌公司的版图。但施乐那时仍在走老路，沿用原来的方法推销产品。从表面上来看，原先的策略都还奏效，但事实上该公司已与当初的愿景和目标渐行渐远。公司内部的重要主管开始对本公司品牌面临的重大威胁忧心忡忡。

到 20 世纪 90 年代末，施乐公司开始出现亏损状况，负债率也很高。大家都在讨论施乐是不是快要倒闭了。这个转变令人震惊，因为这家公司几年前还在整个业界占据统治地位。

2000 年 5 月，安妮 · 马尔卡希（Anne M. Mulcahy）被选为施乐公司董事长，2001 年 8 月，她又被任命为首席执行官。她了解到公司目前已经严重偏离原先的轨道，需要采取有效措施才能恢复原本的契合度。公司的负债率、运营结果和不断下滑的股价，进一步印证了这一观点。马尔卡希重组了公司，而这家以往被认为是长期饭碗的公司，也被迫解雇了数千名员工。马尔卡希成功降低了负债等级，增加了研发部门的预算，并将公司文化调整为以客户需求为导向。

总的来说，施乐公司在那段时间受到了很大伤害。马尔卡希于2000年曾公开表示，当年这场危机其实“根源很深”，好几年前就已形成了。通过种种拯救行动，施乐总算渡过了这场危机，并在一定程度上得到了恢复。该公司的领导团队得到了教训：他们终于认识到，为了避免危机发生，保持如履薄冰的经营态度是多么重要；而主动思考公司与愿景间契合度的问题，更应该从平日做起。

从经济大衰退中学到的一课

想想看，有多少心高气傲的企业从开始于2007年的经济大衰退中败下阵来。事后很多专家发现，许多未能在大衰退中生存下来的公司都是因为管理团队未能察觉到公司的最新变化，或是未能担负起领导者该承担的责任。但具有讽刺意味的是，上述领导者中有些人在前几年才被同一批专家大大称赞过。这些败下阵来的企业中，有些几年前并未出现资金问题，最终却已过度负债到岌岌可危的程度；而有些企业则是过度依赖原来的重点产品，但这些产品其实已不再具有独特的竞争优势。不论这些重点产品以往具备了多么强大的竞争优势，几年下来已逐渐受到侵蚀，而经济衰退更加速了这种颓势。

听了这些不幸的故事后，我们可以从中学到些什么？我认为这些故事的核心主题在于：公司偏离原来的轨道，不再契合公司愿景与要务，这种状况通常是经过好几年才形成的。虽然经济危机是律师们所称的“直接原因”，是将这些企业推下悬崖的关键一击，但这些企业之所以被逼上悬崖，主要是因为过去数年来逐渐形成的变化。在这些案例中，每家公司都没有及时做出适当评估，也没有重新调整公司契合度，因此公司经营的关键环节在此期间慢慢出现了问题。

商业的本质说穿了就是“改变”二字，在某段时期行得通的做法，到了其他时期通常无法原封不动地贯彻下去。领导者必须及时发现事业脱轨的问题，及时加以修正，这是领导者应学会的技能，也是领导者应担负起的责任。我们每个人都有能力做到这点，但我们也很容易错过发现问题的时机。问对问题，就是重返契合之路的第一步。

开足马力，继续调整

本书前面的章节都有助于你的公司及时进行调整。你的领导风格和领导效率是公司能否及时调整的关键。

由此而论，先前清楚勾勒出的愿景和关键要务就是你前往的终极目的。因此，衡量公司是否需要调整的标准一直都是：你是否成功完成了之前设定的任务。

教练制是创造契合度的重要工具。自上而下的教练制，可以帮助基层员工努力达成公司目标；自下而上的教练制则让高层人士也将从指导基层员工方面受益，因为这相当于建立了一个早期警示系统：在公司偏离正轨时，基层员工就能及时提醒高层管理者。人才管理及接班规划流程，可以确保由恰当的人才接手公司最重要的任务，确保公司实现愿景，并随着环境变化而做出响应。此外，每隔几年就将公司的重要人才调动到不同的岗位及地区，可以帮助他们以崭新的眼光看待公司的重要议题及措施。周一晨会、度假会议及策略会议等公司流程也是达成契合的重要工具。在追求契合的过程中，你的领导力是第一道，也是最后一道防线。

上述工具及做法，都是提高公司与其愿景间契合度、寻找调整时机的重要方法。此外，我也建议你考虑另一项很有用的调整工具：建立一个公司特别小组。

公司特别小组：没有什么是不能批评的

有个高效方法既能评估契合度，又能研发增进契合度的可行方案，那就是：聚集一群担任不同职务、来自不同部门的潜在接班人，将他们组成一支工作团队。

你可以将下列或类似的任务交给他们："假设我们现在要从零开始创建这家公司，我们会怎么做？"说得具体点儿，他们应该探索的问题包括：

- 现在这些市场是我们应该进入的吗？现在的产品与服务是我们应该提供的吗？现在的员工是我们应该雇用的吗？

• 我们还会采取目前的方式组织公司吗？还是会采用其他组织方式？

• 我们是否应该采用目前的制度评估员工，给他们支付薪水？如果不是，那我们应该采取哪种方式？

• 有哪些工作是应该做到最好的？这些工作和我们现在做的有什么不同？

• 我们公司当前的文化应该延续下去吗？如果不应该，那该如何改进？

• 我们领导层的组成需要改变吗？目前领导层的人才组成和领导风格该怎么改进？

给这个特别小组几周的时间想出答案，告诉他们没有什么是不能批评的。你还要告诉他们，尽管你最后可能不会同意他们推荐的所有做法，但你还是非常希望聆听他们的意见，并且会根据这些意见做出几项改革。以我的经验来看，你会得到一些非常精彩的建议。这支团队也会指出你以往未看清的问题，而你之所以未能看清那些问题，可能是因为你对目前的公司设计及架构或多或少产生了情感上的依赖。

为何要交给这个特别小组，而不是由你和资深主管组成的小组来做？以我的经验来看，职位比你低一级的人通常较少有情感依赖，可以更客观地评估你的状况，提出补救方法。他们对公司一直沿用的架构并没有太深的留恋，挑战公司惯例时不会反应过度。最后，由于你的老牌资历与领导地位构成的障碍，职务上比你低一级的人会更清楚你在公司运营上的薄弱环节在哪里。因此，这个特别小组较能以崭新眼光和不同角度看待问题。当然，你和你的资深领导团队最终必然要正面迎战这些议题，但特别小组可以先给你们一个强有力的起步优势，并检查你们的认知是否与现状相符。

领导者也会与现实脱节

一家创立于美国东南部的金融服务公司，其首席执行官决定尝试这个检视契合度的练习。由于最近行业内有数家公司合并，又经历了金融危机，整个行业的竞争情况与大环境也出现了变化，因此他很担心自己的公司会丧失竞争力，无法在行业中取得成功。他对特别小组这个想法持怀疑态度，坦言这种做法最后得出的可能不是深刻的洞见，而是天真又肤浅的意见。我对他说，这种做法成本很低，风险又小，也不会带来什么损失，不妨试一试。

他选出了4位来自不同部门、颇有前途的主管组成一个公司特别小组。这个4人小组开始了合作，5周后初步给出了几个结论，要求针对公司及其策略进行重大改革。由于这4名成员都是向来行事谨慎的专业人才，首席执行官听到他们提出如此大胆的建议时相当震惊。之后他与小组成员进行了面谈，提出了几个后续问题，交由他们在接下来的数周内找出答案。

就在这时候，首席执行官又请我回去与他谈一谈。首先，他对我坦言自己对公司特别小组的建议相当吃惊，甚至可以说是很震惊。真要执行这些建议的话，将会对公司造成不小的伤害。然而他也承认，他仔细研究过公司特别小组的报告，知道他们所提出的问题是他自己从未发现过或是不愿面对的。他之所以不愿面对，大概是因为公司现行的事业策略及架构都是由他一手打造的。公司特别小组的看法一针见血地指出目前客户需求的转变，以及他们业务中的种种问题。很多传统业务已经不再具有市场独特性了，除非公司能利用与客户的紧密关系，交叉销售高附加值的服务，否则公司业务势必会受到影响。幸好，该公司目前还具备若干项足以挽救公司现状的独特能力与产品性能，但要想朝着更好的方向发展，必须进行一番公司愿景、要务及架构方面的大改造。

经过多方思索与讨论，首席执行官得出结论：这份观察报告中有很多非常棒的想法。公司确实需要进行重大变革，而且如果变革的速度足够快，或许能够强化公司在行业中的地位。

不过，尽管首席执行官真心赞同多数建议，他也担心公司的一般员工会拒绝改变现状。他先在公司内部进行了意见抽查，却惊讶地发现这些看似“激烈”的提议，竟然获得了公司基层与中层员工的支持。对于这样的结果，他只好承认，自己和员工脱节的程度已超乎想象了：他的员工可是天天都要面对客户的。

这个故事也道出了我们前几章讲到的主题。这位首席执行官之所以与公司现状脱节了，部分原因在于他没有花足够的精力在教练制的维护上。如果教练制能充分发挥作用，他就可以要求基层教练给予他和他的资深团队反馈意见。他也没有花足够的心思做好接班规划方面的工作，否则，他就可以找出公司的明日之星，定期举行面谈，并征询他们的意见。在他请公司特别小组执行任务之前，公司内职位比他低的主管其实不敢在他面前发表与他意见相左的观点。原来他比自己想象的还要强势，而公司职位级别其实很分明，并不是一个让人敢于冒犯上司提出建议的地方。做完这场练习后，首席执行官终于了解到，公司需要在客户维护及业界定位方面做出改变，如此才能回归先前的契合状态。

由公司新兴主管组成特别小组，进行一次“重新来过”的分析，就是在告诉你的员工：“我准备好要听真相了！而且我也准备好要迎战真相了！我可能不会同意每一件事，但我想听听与我相反的意见。”成立特别小组的其中一个作用，便是极大地激发基层员工的工作动力。这么做可以帮助他们更了解公司，而你也因此有机会看见他们的行动，并且对外传达出你是愿意倾听他人意见的领导者。相信我，公司内很快就会开始流传：你找了几个中、基层员工组成公司特别小组，而且还将他们的意见付诸实施！大家会经由同事口中得知，这家公司的员工在职业生涯早期就可以对公司发挥影响力。

定期进行契合度分析

很多主管都会问我，是否有什么方法可以让契合度方面的挑战不那么具有破坏性？如先前所述，我的答案就是："有，只要定期做契合度分析就可以。"

如果很久才进行一次，契合度分析的破坏力就很大。如果将关键问题搁置太久而不去解决，要重返契合状态就必须做出带有破坏性的改变，而这场改变不但会对公司员工造成不利影响，甚至还会伤及公司架构。用医学现象作比喻：让你在身体健康时减肥 25 磅，总比让你在心脏病刚刚发作后减肥容易得多。

同样，我认为美国政府如果选择在经济发展蓬勃时期处理庞大的预算赤字，会比等到出现经济危机、增长疲软时再来处理好得多：当失业率高得令人难以接受时，我们真的还可以提高税收或裁减政府支出吗？各方为此争论不休，结果却没改变什么，政府赤字的问题被一再延后，但越拖延，问题越难解决。

身为领导者的一个职责，就是预料接下来会出现的机会与挑战，有条不紊地处理问题，保持公司与其愿景的契合度。既然众人预期你应该这么做，那当他们听到公司仓促间要做出彻底的改变时，会怎么想呢？他们可能会感到世界一夜之间改变了，而你在关键时刻却未能及时察觉，辜负了他们对你的期待。

你的员工确实有权利这样期待。他们期望你时时想到公司契合度的问题，他们信赖你可以领航这艘大船，在风浪中平稳前进。你自然应该好好回报他们对你的信任。因此，趁早使用这些分析工具吧，而且要常常练习。我的建议是，根据你的行业状况，有些练习最好每 6~12 个月就做一次，而且要安排进年度工作流程。思考契合度问题是有感染力的，你以身作则也会鼓励下属主管养成这个习惯，提前思考契合度的问题。

跳出“集体思维”

从契合度方面来研究竞争对手的举动很有必要。你可以派重要人员去观察对手的动向，思考他们为什么要这样做。某个特殊的举动对公司竞争力有何帮助？你认为他们是发现了什么，才有此举动吗？是他们变傻了，还是他们看见了你未看见的事物？这会对你公司将来的竞争定位造成何等威胁呢？

为了防止自己与世隔绝，你应该定期阅读报纸、在线新闻及相关刊物。你真的知道外面发生了什么事吗？身为领导者，你应该掌握当前潮流与趋势，即使是对看似与你的公司无关的事物也该有所了解，而且要自问：这些趋势可能会对你的世界造成什么样的改变？

本章中所描述的工具之所以影响巨大，其中一个原因是这些做法可以引出多元观点。争论及意见不合确实令人恼怒、使人分心并让人不自在，但这些讨论却是让公司组织健全的一剂良药。争论可以让各种问题显现出来，并直接指向问题的解决方法。

但如果你的管理层成员背景相似、观点雷同呢？或者更糟，他们刚好就是你的长年心腹（如第四章所述）？这样的话，几乎可以确定不会出现前述这种值得庆贺的争论与不合了。你的公司可能会陷入“集体思维”的风险中，问题可能无法及时显现，或是无法被充分辩论。在经济危机时期，这种症状也随处可见：很多公司的领导层无法形成多元观点（从广义上讲），这会导致公司单一的思维模式，并与世界隔绝，最终会对公司造成严重伤害，甚至导致公司经营失败。

因此，身为领导者，你有责任确保公司领导层具备多元背景、风格和观点。如果你不知道该怎么做，你的董事会或许可以帮你一把，鼓励你任用对你不那么亲近或“忠心”的下属。当然，你也许希望自己的重要下属对你忠心耿耿，但你也希望能任用贤才，组成一个敢于辩论、提出不同意见的领导团队吧。你应该希望你的领导团队能用多元观点看待世界，敢于反对他人意见，并且有勇气说出最重要的东西——你需要倾听的真相。

领导力的两项考验

我们在本书中已讨论了高效领导者应该扮演的多种角色，而本章则融合了其中极为重要的两种。第一种是“建筑师”：问出关键问题，并且时时寻找公司目前是否契合愿景与要务的线索。这项任务一点儿也不简单，线索也非明显可见，但这项任务却攸关公司未来的命运。第二种角色，则是在你的事业已确定偏离愿景与要务时，做一位高效的“变革家”。你有足够的智慧、能量、专业经验和勇气推进必要的变革吗？你的学识和人脉足以制订出一份有说服力的行动计划，以便成功实现你想要的改变吗？建立教练制、营造热爱学习的工作环境并提拔真正关心公司（而不是仅为私利）的人才——这些措施的重要性不言而喻：它们都是推进变革的关键环节。

不论你用什么方法面对这个挑战，重点都在于“问对问题”与“准确分析”。许多人都指望着你呢！

建议后续步骤

1. 找一个重要部门或职位种类，试着练习“重新洗牌”的分析。利用接班规划阵容图，找出几位接班人，组织一个公司特别小组：试着挑出至少两三个不同部门／职位种类的专业人才，给这个小组一个特定任务，并强调没有不能改变的惯例。先明确地告诉他们，尽管你不会采纳所有意见，但你希望他们坦白说出自己的观点，而你至少会采纳其中几项建议。
2. 安排出合适的时间表，要记得这项任务并不是他们原本的日常工作内容。先明确告诉他们，你有空回答他们的问题，而且愿意给出建议，但为了不影响他们的分析和结论，原则上你不打算参与调查过程。
3. 定期听取这个特别小组的汇报，并且与他们一同讨论在练习过程中学到的事物。
4. 制订出一份具体的行动计划，将这个特别小组提出的几项（或是全部）建议付诸实施。

哈 佛 商 学 院 最 受 欢 迎 的 领 导 课

What to Ask the Person in the Mirror

Critical Questions for Becoming a More Effective Leader and Reaching Your Potential

第六章　领导者要成为团队的典范

向他人传达出你真正相信与珍视的价值。

你是大家的榜样吗？

你的行为与言谈是否一致？

当你身处压力之中，你通常作何反应？

你的行为和你所宣扬的价值一致吗？

领导者是公司的掌舵人，这时他头上顶了许多不同的头衔，扮演着许多不同的角色。

我们目前已谈到了其中几种角色：领导者既是愿景家、教练 / 导师、组织架构师，还是推动变革的主要力量。此外，领导者可能还要扮演“睿智船长”的角色——纵然无人能知前方会出现什么，你仍愿相信船长有足够的能力领航前行。不仅如此，领导者还要捍卫公司名誉、道德标准及品牌完整性等价值，是公司受关注度最高的首席监护人。

有时候领导者还会担负起安抚人心、缓解形势的责任，不仅要凝聚众人的力量，也要帮助员工之间彼此谅解，让公司气氛融洽。此外，领导者还需要充当发起人——他必须有足够的号召力，将大家召集到一起共同商讨问题，合力想出解决方法。

我们将在本章中探讨领导者众多角色中最为重要的一种：公司典范，即为他人所追随的公司楷模。当然，领导者也应该告诉员工该做什么，但领导者所说的话，效果远不及他根据这些要求亲自去做（或无视这些要求的不作为）来得大声、有力。每位领导者不论是否意识到这一点，都在扮演着“典范”的角色。不过，有些领导者尚未充分意识到自己对于公司原来还有这个作用；他们反而认为正因为自己是领导者，所以可以按照另外一套规则行事。他们以为要求员工“照我说的做，别照我做的去做”很合理。这种领导者的行为，已和他们认真勾勒出的关键要务（见第二章）背道而驰。

上述这种领导者的做法就算管用，也不会持续很久。在某种程度上，领导者需要遵循多套不同的准则，而公司员工在判断领导者的行为时，也愿意把标准放宽一点儿。但根本性的事实并不会因此改变：领导者仍是公司全体员工关注的典范。因此，领导者的行动必然要比任何设计好的标语或冠冕堂皇的演讲更响亮。

他人如何看待你

领导者所受到的关注比公司其他人都要多，公司里所有的人都会注意到领导者的一言一行。他办公室的门是开着的还是关上的？

他坐在公司里的哪个位置？他的办公室是怎么装修的（并且是由谁埋单）？他是整天都躲在办公室里不出来，还是会四处走动，甚至有时会和员工共进午餐、闲聊一会儿？他是皱着眉头还是带着笑容？他的那副表情究竟暗示了什么想法？他的肢体语言是透露着优越与骄傲，还是散发出亲切的气息，让大家感到他很尊重员工，很想好好认识每一个人？他与别人共乘电梯时是怎么做的？是独自站在一旁盯着地板，还是与身旁的人友善交谈？

他是只对职位比他高的人友善，而对他的下属就完全变了样吗？换句话说，他会根据眼前这人的职位改变他的态度吗？他会不会在人前友善，背后尖酸刻薄？假如出现问题，他会不会急于撇清自己，把责任推到别人身上？或者，纵然他不是最应该对问题负责的人，却仍会承担责任？他的外在行为是加强了他所传达的信念，还是与其背道而驰，反衬出那些不过是华丽的辞藻？

这些情况中，有没有哪种听起来很熟悉？你是不是说一套做一套？你是不是在众目睽睽之下实行一套标准，没人看到时又采用另一套标准？如果是的话，为什么你会认为这样做是对的？

我们再来问问其他问题吧。你在员工停车场中是不是有自己专属的停车位？你是在员工餐厅吃饭，还是在主管专用餐厅进餐？即使你团队中的其他员工都乘坐经济舱，你也依然坐头等舱吗？即使公司政策明确规定 4 小时以内的航程应该搭乘经济舱，你也依然坚持要求公司为你报销头等舱的费用吗？

你奉行的标准是否与你要求员工遵守的标准不同？如果是的

话，为什么你会实行另一套标准？你为什么会认为自己应该享有“特殊待遇”？

这些问题是否又让你陷入了深思？你在类似的情况下是如何行事的？你的行动反映出你是什么样的人，想创建的是什么样的公司？你的行为对于你所信奉的价值、你所宣称要创建的文化、你为公司勾勒出的愿景而言，究竟具有加强效果，还是彻底与之背离？

言与行：你的言行一致吗？

几年前，一位曾和我一起做对冲基金的合伙人创立了一家很优秀的公司。他在公司刚创立时便制定了一系列企业标准，贴在每间办公室的墙上，公司文件上也经常印上这些标准，而官方网站中更是以醒目字样标记出来。他甚至将这些标准（例如团队工作的重要性、创新、关心彼此、投资决策应进行长远思考等）印成小卡片，这样一来，大家就可以放入口袋随身携带。每当谈话涉及这些原则时，他就再三强调他想要营造一个有利于学习的环境，让年轻员工可以接受教练的指导与导师的建议，并从错误中学习成长。这也是他招募新人时对应聘者所说的话：如果这是你想要的公司文化，那你就应该加入我们的行列。

从我后来与这位领导者及其员工的谈话中，我发现在公司成立的前几年，他的确能够身体力行这些原则。但当公司管理的基金超过几十亿美元时，为了适应公司的发展，规模必须迅速扩大。2007

年年末市场出现动荡，该公司的业绩遭受重创，也反映在标准普尔500指数上。（标准普尔500指数是美国股市的重要标准，投资人会据此判断一家公司经营状况的好坏。）

这并没有什么大不了的。如果你关注投资动向，就会知道每家公司都走过一段业绩低迷的时期。不过这段时期的致命之处，在于公司的重要员工陆续以种种理由辞职。随着这些人逐一离去，公司总体业绩持续下滑，而看似可避免的分析失误也变得越来越常见。

这位领导者对他团队状况的担忧，比对该公司日渐恶化的整体经济表现的担忧还要严重，因此他致电问我能不能到他办公室与他谈谈。我花了几小时听他叙述他的经营哲学——他情真意切地谈论了上述原则：团队工作、创新、长远思考等。他讲得相当振奋人心，以至当他解释完后，我几乎准备好要签约留下来工作了！对专业人才来说，这里真是一个不可多得的学习与成长的环境！

然而激励人心的情节到此为止，他接着就谈到公司目前偏离正轨的状况。他开始讲到最近的员工辞职、公司每况愈下的业绩，以及他眼中的大患：一连串原本可以避免的公司与股票分析方面的错误。我观察到他越讲越恼怒，声音越来越大，声调越来越高，直到最后他几乎大喊了起来：“到底为什么会发生这种事？”他在办公室内来回踱步，双手挥舞，大喊大叫道：“为什么我的团队就是不明白？难道我是唯一在意公司信念的人吗？我觉得自己在这里孤单极了，肩上好像扛了整个世界的重量！我们是怎么走进这个死胡同的？”

我静静地听他说，没有对他戏剧化的问题（以及怒火）做出回应。最后我问他，我能不能与他手下的几位主管一对一地谈一谈。他同意了，因此我陆续与5位资深主管一一见面。在每场谈话中，我听到一个又一个关于该领导者日常行为方面的故事，每个都令人大开眼界。例如：

• 他们讲了每天早上8点30分投资部员工开会的情形。这位领导者通常会在这场晨会中当面批评或恐吓员工。如果股市下跌，他的批评会格外不留情面，要求员工解释这一切是怎么发生的。即使在场众人都知道可能一时找不出合理或清晰的答案，也必须给出解释（股市不是时时刻刻都能用逻辑来分析的，有时股市下跌就是无法轻易确定原因或给出解释）。如果你是这家公司的投资部员工，又选了一只下跌的股票，你就知道你开会时一定会在同事面前被“痛批一顿”——纵然这家公司的领导者在你选定那只股票时也主动参与其中，也同意那笔投资，结果还是一样。

• 我也听到了这位领导者阴晴不定的情绪起伏。一个人跟我说道：“你永远也不知道今天他会是什么样：是开心的？还是悲惨的？”后来情况越来越糟，大家发现他时而发飙耍性子，时而不吝溢美之词。众人战战兢兢，如履薄冰，不知道接下来会发生什么。他的心情转变可能是因为基金表现，也可能是因为上班前家里发生的事，也可能是其他原因，谁能预测到呢？

• 另一个清晰明朗的主要问题是：尽管该公司再三强调教

练指导的重要性，这位领导者却抽不出时间指导他手下的专业人才。他被诸多事务缠身，要应付外部投资人、处理行政事务、做投资决策、分配资产、建构投资组合等。其中一位资深专业人士告诉我："如今我们（公司）的规模变得这么大，而他和客户出去的次数也频繁得多。对我们而言，他真的已经变成无法接近的人了，因为他总是有其他事情要忙。"

我从谈话中听到的实情是，那位领导者完全没有将特定事务的决策权限授权给其他人（见第四章）。因此，基本上所有行政事务、投资人关系、投资与交易方面的决策都必须经过他批准才行。这种做法造成所有决策停滞不前，而且也妨碍了领导者的发展，更无法让团队发挥潜力。而且当他公开指责同事的决策很糟糕时，对旁人来说也是种奇怪至极，甚至可以说是荒谬的情景：他难道不记得是他自己做出那个决策的吗？

与我面谈的主管中，有很多人都主动表示他们正考虑离开公司。离开的原因尽管说法不尽相同，但大致意思都是这样："这个工作再也不那么有趣了。"此外，当我听到他们竭力表示不要把谈话内容告诉他们的领导时，感到特别忧心："请不要跟他说这些批评意见！就算你没跟他说是谁讲的，他也会知道，我接下来在公司的日子就难熬了。"

不用说，我当然向他们保证我会尽力加以掩饰，让他看不出是谁做出这些评论的。只有在这个前提下，他们才同意我将他们的观察结果转达给领导者。然而，当我真的要征求他们的同意，以便让我将评论写在报告中呈给领导者看时，他们对此犹豫与焦虑的程度令我再度震惊不已。这种状况已经不能用“别扭”形容了，整个公司已经到了机能失调的地步。

除此之外，令我大为震惊的还有：这些情形和该领导者先前在谈话中表明想打造、维持的公司类型竟然完全背道而驰。他的确经常强有力地宣扬这幅愿景，但问题出在这幅愿景早已不再与他的行为相符合了。

后来我和这位前事业伙伴见面时，我先告诉他公司员工对他的普遍看法，接着推荐他聘请一位外部教练，让这位教练与公司众多职位的员工进行面谈，面谈对象大概有 24 个人（据我揣测，这应该可以防止领导者发现是谁做出评论的，就不会有人受到“惩罚”了；这样一来也更难以忽视调查结果，因为样本数足够多）。我推荐了一位工作成效令我相当信服的教练，建议领导者尽快让这位教练着手进行工作，而他也同意了。

两个月过后，这位管理合伙人要我与他见面，讨论教练的报告内容。他一开始就讲了重点，满怀戒心地问道：“他们怎么可以说出这种话？”

那时我们两人的关系不错，因此我觉得对他坦诚相告也无妨。我对他解释道，问题不是出在面谈的员工身上，而是出在他身上。他未能承认，甚至也未能意识到他的行动比他的言语更有说服力。他在墙上或网站上写了多少次这些话语都没用，因为他的行为与这些话语指示的方向恰好相反。

我们针对他每日的各种行为逐一加以讨论，找出背后的原因。根据教练提供的报告，以及我先前观察的结果，我们共同批判了上述行为中最糟糕的几种，并且讨论这些行为对公司员工造成的噤若寒蝉的后果。如今他总算发现，他的言行不一已使他成了众人眼中的伪君子。

这个结论听起来不怎么舒服，但他能有这番认识，已让我钦佩。接下来的几个月里，他慢慢学习改善许多曾经令人困惑或无礼的行为，我对此表达了更深的赞许。这对他来说是一个痛苦的过程，他得花上许多时间了解自己的动机与行为，还要检视自己对人性的种种预设，如此一来他才能了解自己为何做出这些举动。有一次他告诉我，这大都与他的成长历程、与父母的关系、早年他从上司那里得到的经验和教训（有好有坏）、他的整体个性，以及他面对压力的方式有关。对他而言，这是一个艰辛而痛苦的过程，但他终于学会了三思而后行，学着使自己言行一致。他也认识到自己应该扩大授权范围，确保当他过于忙碌时，仍有人处理公司的关键要务。

在具体步骤方面，他培养了几位员工当初级教练，他们有足够的能力，也愿意帮助他了解自己的行为带来的影响。在这些教练、朋友及家人的帮助下，他专注于增强自我意识：学着从别人的角度看待自己的所作所为。此外，他也指派了几位重要直属下属，授权他们处理为了实现公司愿景所必须完成的多项工作。

几个月下来，公司的气氛与文化逐渐得到改善，与领导者原先的愿景更加一致。尽管市场形势依旧严峻，这家公司的表现与同行业相比却出现了惊人的进展。种种迹象显示形势已有所改善，众人开始口耳相传，而先前形势惨淡时跳槽到其他公司的几位员工听闻老同事讲述领导改变行为举止的情况后，也同意回来工作。

自我探索的过程

这个案例的主题是关于自我探索与提高理解力。重点是你要了解“你”是谁。这对领导者来说是一个重要挑战，也是我们下一章将会深入探讨的重点。当你的角色从生产者、小团队的经理慢慢晋升到手下有数百位员工的大公司经理时，他人对你的角色期待会发生相当大的变化，这一点十分重要。

并非每位领导者都能认识到自己的角色需要转换，而未能意识到这一点的领导者失败的概率便相当高，他们可能直到失败之际都不知道哪个地方出了差错。晋升到高层管理职位后，若要取得成功，你需要更了解自己，更懂得你身处的角色所拥有的权力，制订出更审慎的授权计划，并授予下属更多权限；此外，还要清楚地知道你希望自己的行为传递出何种信息。你仔细想过这些问题吗？

不吝分享荣誉

一位能干的、经验老到的主管被聘请到一家发展多元化的公司当首席执行官。他是在该公司董事会驱逐前任首席执行官后，向外寻找人才时进入该公司的。由于这是一家公开上市的公司，董事会希望尽量避免流言，因此他上任前经过了一系列审慎、密集的面谈流程。

为何董事会要聘请他当首席执行官呢？原因有很多。在多年的职业生涯中，他先后在 3 家公司证明过自己是一位很优秀的产品制造经理，也在这几家公司积累了丰富的经验。而且当时他才 50 岁出头，还很年轻，还有很多时间可以为这家公司做贡献。

然而访谈程序有一定保密性，因此董事会审慎调查后仍未能发现这位首席执行官的若干弱点。举例来说，尽管他擅长拟定策略，却算不上一位有“好人缘”的主管。如果他可以和下属建立起深厚的情感，或许可以从中了解下属的优势、弱点、背景与性格，但他却不关心这方面。此外，他有些吝于分享荣誉，这可能是他自身的不安全感与先前经验所导致的。他先前担任其他职务时的经历甚至让他得出这样的结论，为了要争先，他必须确保独自享有重要成就带来的荣誉。还有，尽管他本人是非常优秀的产品制造人，但他与其他顶尖产品制造人的相处却有很大问题，而且他也不太擅长引导下属成为优秀的产品制造人。

董事会发现真相后非常沮丧。这位首席执行官的前东家当初提拔他时考虑的特质，与做好现在这家公司首席执行官必备的成功特质并不相同。他们数月来观察这位首席执行官的表现，并听取了其他员工的反馈意见，决定对他的工作进行干预。董事会做足了功课，将他们发现的问题逐一呈现给首席执行官，并表示若他想当一位成功的首席执行官，就必须好好处理这些问题。

这时董事长请我去协助他们改善目前的状况。尽管这位首席执行官若干方面都存在不足，但他仍旧是一个相当不错的人才。当董事会直接将问题呈现在他眼前时，他颇为震惊，并表示非常愿意改善目前的状况，努力成为一位成功的领导者。

我们经过一番长谈，讨论了本书中提及的主要问题，包括首席执行官作为公司典范的重要性。考虑到董事会提出的建设性意见，他决定在公司内部发展一批初级教练，他将从他们那里获知自己行为的影响。他表示尽管他先前接受的培训不足，养成了不良的习惯，但他绝对可以改变自己，成为公司典范，并打造出富有凝聚力的公司。他一旦做出“要以不同角度思考首席执行官这个职位，愿意放下身段学习”的承诺，便能脚踏实地地实践，因此情况大有改善。这点让我印象十分深刻。

我很高兴地告诉大家：经过一年的集中练习与讨论，如今他的工作表现非凡。他向来不缺才智、技术与其他必备才能；其实他这方面的能力高得很。对他而言，真正的挑战在于“转换他对目前角色的思考角度”。他从中学到，当首席执行官要做的比单纯执行职务还要多得多。做好首席执行官一职，需要保持心胸开放、愿意学习、接受改变、为他人树立典范，以及用行动及言语传达信息。

等到你 50 多岁当上高级经理时，你还能够学习，还愿意提高自己吗？答案绝对是肯定的——只要你愿意、有动力就行。其实，当你还只是一个年轻的专业人才时，就应该积极培养来日晋升到更高职位所需的种种技能，并勤加练习。

从 180 磅的主管到 800 磅的大猩猩

一家大型顾问公司的首席执行官正迫切需要关于特定策略及领导力方面的建议。他在晋升到首席执行官一职之前，已在这家公司待了 30 年。我以前在投资银行业工作时就认识他了，也在他不断晋升的职业生涯中给过他多方面的建议。我很喜欢他，他总是朝气蓬勃，而且对事物有着深刻见解。他讲话常带点儿冷幽默，有时还会开点儿不正经的玩笑。他总是有些愤世嫉俗，但也很风趣，这是他的个性中相当讨人喜欢的一点。

这家公司在行业内规模很大，而且知名度很高。一天，这位首席执行官给我打电话，开门见山地说了他的问题。他说公司目前的状况是“万事开头难”。首先，他亲自主持了一场与公司投资人及卖方分析师的会议，觉得过程不太顺利。此外，他也不确定自己与直接下属及公司其他员工接触时是否用对了方法。我很坦诚地告诉他，我没太听懂他在讲什么。于是他停顿了一下，问我能否帮帮忙，与他手下两三位直接下属面谈一下，询问他们对他上任后的看法。

我答应帮他个忙，接着在一周内完成了他要求的面谈。我从这些直接下属的谈话中得知，他们对这位首席执行官上任都感到十分兴奋，然而他们也说，原本期待他当上首席执行官后，会明白自己的行为应该有所转变。他以往愤世嫉俗的风格很受人喜爱，但如今已不合时宜，因此他们希望他别再这么做了。例如，他们不希望首席执行官在员工大会上发表愤世嫉俗的评论。他们希望自己的下属对于公司怀有理想，因此要求首席执行官好好扮演公司“忠实信徒”的角色。他们告诉我，就算这只是个角色，他们还是希望首席执行官能好好扮演！

问题还不只这些，主要是他目前角色转变的问题。他们也希望首席执行官别再讲那些不正经的笑话了，私底下讲也不行。他们还希望首席执行官每天可以早点儿到公司——他进公司的时间向来很晚，这倒是真的，但多年来这个习惯也只是众人开玩笑的话题而已。不过现在他们相信，首席执行官老是迟到的话，会对员工传达出负面信息。此外，这些主管也告诉我，希望首席执行官能和他的助理谈谈工作态度的问题，让他的助理在接听与首席执行官行程有关的电话时友善、积极一点儿。他们还建议首席执行官认真考虑一下，别再开这么招摇的车来公司工作了，而且应该多注意自己的衣着打扮，就算是周五也不应该过于随便。总之，他们希望他不论从外表或行为来看，都像个传统公司的首席执行官。

后来我和这位朋友一块儿坐下来，将这些信息呈现在他眼前，他看到后觉得好笑之余也难掩不安。他说过去 30 年来，从未得到过这种反馈意见，不知为何现在大家忽然对他的穿着有这么多意见。他坦言，觉得这些批评多半大错特错，有些甚至荒谬无稽，他的人生都走到这个阶段了，还需要改变行为吗？

我们是多年的朋友了，因此我觉得可以对他畅所欲言。我告诉他，他现在必须意识到自己正在经历一场重大转变：从 180 磅重的主管，变成 800 磅重的大猩猩——这只猩猩肩负着全公司数千人的希望、梦想与志向。不论他喜欢与否，在接下来的任期中，他的一举一动都将成为全公司瞩目的焦点；他的话语在公司内外都会被仔细分析；他表现出的情绪则会被众人观察、留意及诠释。从他在餐厅中的言行、他对管理员的说话方式到他与全公司员工的互动，从此以后都会被大家逐一抽丝剥茧，找出关于他本人个性的各种线索。

简单来说，他已经成为公司的“典范”了，我告诉他，这是接手首席执行官一职必然要担负起的责任。对他自己来说，他当然会觉得自己与 4 个月前没什么两样；但对他周围的人来说，却不再一样了：如今他的言行更有分量。他的确应该继续做自己，但他也应该重新校正自己的行为准则，根据他现在的言行分量调整行为举止。如今他对员工说了句亲切的话，效果大不同于以往；而现在他的一句指责带给他人的刺痛感也会加深许多。

令人欣慰的是，他之后逐一采纳这些建议，对他的新处境也感到坦然许多。但要走到这一步，绝对需要转变自己的心态。从现在起，他的世界再也不同于以往了。

你珍视何种价值

这里的典范分析不只分析你个人的行为，还包括你提拔的员工做出何种行为。不光你本身是强有力的典范，你选择提拔到重要职位的人，也会向公司传达出强有力的信号，让大家知道你真正相信的价值是什么。你的提拔决定与你平日所说的价值和愿景是否一致呢？你提拔的人是否也怀着与你一样的愿景，真心认同你为公司制订的关键要务呢？他们是你希望员工效仿的典范吗？

一家提供专业服务公司的首席执行官正尝试重新定位公司的策略走向。他的目标是拓展公司原先提供服务的范围，进而提供与公司传统业务相关的顾问服务。我认为这个策略很合理，与公司的优势实力相符，而且向客户提供额外服务也意味着不可多得的市场机会。

从我的第一手观察来看，我相信这位领导者是一个很好的公司典范。他不仅勾勒出公司的核心价值与愿景，也很重视“以身作则”，即他会努力确保自己的行为与他希望公司的各级领导所展现的行为一致，以体现公司价值：追求卓越、客户优先、指导优异人才、建立公平待人的环境。

尽管他已具备这些内在优势，但如何执行他提倡的“策略走向”一事仍令他苦恼不已。他自从两年前当上首席执行官后，就开始亲自提拔他身边的下属。由于他在升职前就是一名优秀的产品制造人，因此他往往会倾向于提拔产品制造人到重要职位。换句话说，当他决定提拔员工时，他宁愿忽略下属在领导力、指导能力与道德准则方面的不足之处，因为他认为创造效益的能力更重要。刚开始好像还过得去，但后来，最优秀的前 1/4 的专业人才主动离职的情况越来越多，而在不同部门间调动专业人才的难度也越来越大。

我建议他请人力资源部（下称人力部）主管先与几位中层经理人面谈，深入了解为何离职率会上升。我也建议人力部主管对已经离职的人进行访谈，就算要在员工离职数月后才能进行，也务必找出员工离职的真正原因。最后，我还建议他也与几位还留在公司里——但也许即将离开——的中层经理人谈谈。我同意之后先与人力部主管碰面，听听他的面谈结果，再一起和首席执行官开会。

在进行面谈之前，人力部主管其实已经能大致猜出原因了，而面谈结果进一步证实了他的揣测。他听到的说法是，尽管首席执行官总说要追求公平、重视员工，但他在部门主管的提拔任用上却传达出截然不同的信息。不论首席执行官发表多少次演说，表现出多少值得效法的行为，都无法弥补他提拔下属的倾向所传达出的信息。人力部主管在访谈过程中不断听到的抱怨是："产品制造就是这家公司的一切。"如果不是这样的话，为什么首席执行官不提拔那些体现他所弘扬的价值的员工？为什么他总是提拔产品制造人呢？

留下来的中层员工对新的战略计划冷嘲热讽，也不愿意支持新方案。尽管新的策略方向对公司来说很合理，但随之产生的风险也相当高，特别是新业务需要几年的发展时间，才能达到公司现有业务的发展水平。而且如果（从升职的对象来看）产品制造真的这么重要，那已经在现任岗位上取得成功的人何苦要冒风险调到新部门去呢？从面谈结果来看，其他部门主管也积极劝说重要下属不要调任到新部门去，因为少了这些人，自己部门的产品制造情况就会受到影响。

我们接着与首席执行官讨论上述面谈结果，而他对这些反馈意见感到非常不安。我鼓励他先好好指导自己的重要下属，指导他们展现出他所希望看见的行为。他也应该明确提出新的薪酬标准，将产品制造以外的因素也纳入考虑范围。他还应该向那些要调到新部门的人保证，他会亲自留意他们的薪酬及职业生涯发展。

他同意了这些做法。但不幸的是，几个月后他就发现，他过去几年来提拔了错误的人到某些重要的职位上。如今他才体会到大家一直以来都知道的事情：他决定提拔的对象，和他向来宣扬的公司愿景与关键要务完全背道而驰。他每提拔一个下属，就建立起一个负面典范，而他也逐渐丧失了打造优秀公司、推动公司前进的能力。尽管他到那时仍有能力修正大多数错误，但最佳时机已经错过了，而公司发展（应该已经做出的发展）已经被不必要地耽误了。

这些故事给了我们什么启示呢？我们可以从中了解到，你和你选出的下属就是全公司的楷模，公司上下都会密切关注你们的一举一动。这也是许多公司会为新晋主管开设培训课程的原因。他们会在课程中学到新职位需要的技能、做法，并了解到自己的受关注度现在已经有所提高，成为公司全体员工的典范。

临危时的抉择

很多主管都深知他们代表着公司典范，因此也会管好自己的行为。在多数个案中，主管在一切顺利时都会注意自己的言行。然而一旦危机来临，主管被巨大压力压得喘不过气来时，行为就变了样。这种情况值得在此深入探讨。虽然大家平日就会仔细观察领导者的言行，但危机来临时，观察的仔细程度会增加好几倍。或许你不会注意到，但当情况特别困难、压力特别大时，你的员工就会像老鹰盯着猎物似的紧盯着你的一举一动。他们想要看穿你真正的模样，以及你真正重视的价值是什么。

尽管在你的任期中，危机时期只占了一小部分，但你在此时的言行却是大家以后评价你的关键。说来有些不公平，甚至有些不理性，但你面对压力时的表现往往是后来长年在公司流传的逸事。当你的员工下班后聚在一起喝东西、聊天时，你面对压力时的表现很可能成为他们的话题。

当事情进展得不顺利，大家会从你的举止中寻找线索。你会不会发脾气？你会不会变得阴晴不定？你会不会刻意撇清关系？你会不会因此责骂别人，骂到让别人开始质疑你根本不相信团队工作的价值？他们是不是应该避免告诉你坏消息，免得你对汇报人大发脾气的毛病又发作起来？如果你看起来心情很差，他们是不是该离你远一点儿？你的行为是不是无形中告诉员工要多在意自己一点儿，公司没那么重要，因为那正是你面临危机时会做出的抉择？

学习在面临压力时管好自己的行为是领导者的必备特质，你需要学会这一点。

破解压力源

想想看，有哪些事物会成为你的压力源。我之所以强调“你”是有原因的。不论是外在或内在压力，每个人的压力源都不一样。会让你备感压力的事物可能对别人来说根本不是问题，反之亦然。

举例来说，我的压力源包括：他人出乎意料地离职、态度马虎、相互推卸责任。但从另一方面来说，我反而不太在意丢失一单生意（只要我们已经尽力了就行）。此外，我也不会害怕承认错误，我反而觉得承认错误能释放心中郁闷，卸下心头重负。同样，如果事情进展得不顺利，我也不介意负起责任——我相信负责任是诊断问题、修正错误、往前迈进的首要步骤。当压力袭来，我已学会（而且持续学习）先从一数到十，不要反应过度，而且在感觉焦虑的时候要保持冷静。

你的压力源有哪些呢？举例来说，可能包括：未能升职、资金亏损、被开除、开除别人、发生正面冲突、认为自己很笨、认为自己不受欢迎、感觉工作超负荷等。

往领导者之路前进时，要学习加强自我意识

在你思考哪种情况会带给你不必要的压力，并思考当你面临这种压力该作何反应时，你也应该想出能帮助你面对压力的行动步骤。行动步骤可以很简单，比如减少咖啡因摄入量、好好睡一觉、

定期锻炼或练习冥想；或在对眼前压力反应过度之前，先给自己一点儿时间休息一下，安排行程的时候留出更多放松时间，组成一个公司内外友人支援团等。

以上建议对你而言或许是过度干涉，但我可以确切地告诉你：自觉与自我管理是职业生涯中的必备特质。这些特质在你成为领导者时会显得格外重要，因为你的一举一动都会成为员工的观察目标。如果你面临压力时会形成坏习惯，你就应该预见到你的员工也会形成同样的坏习惯。这种现象会削弱众人对你领导能力的信心与信任，也会妨碍公司整体的有效运作。

当然你不可能避免所有压力，压力是生而为人必然要面对的事情，也是领导者必须承受的。你不能逃避压力，而应该在面对压力时三思而后行，并选择合适的反应方式。

推卸责任的代价

就像我先前提到的，有些人就是无法承认自己犯了错误。就算你拿着上膛的枪指着他们的脑袋，他们还是不会承认自己把事情搞砸了。可惜的是，这些人没弄明白一件事：犯错很少会带来致命的后果。然而，拒绝承担错误与处理问题，却会对领导者带来非常负面的影响。当领导者拒绝负起责任、撇清关系或把责任推卸给别人时，问题就变得更严重了：这会给整个团队带来寒蝉效应，导致下属之间缺乏向心力，阻碍他们齐心协力解决问题。

我先前给一位领导者提过这方面的建议，他曾极力撇清“大衰退”[①]期间出现的问题的责任。尽管这些问题在他的行业内毫不稀奇，这位领导者向来藏在心中的不安全感与恐惧感却因这段时期的困难而显现出来。他为了不让大家把焦点放在他身上，开始将责任推卸到四面八方：他责怪他的前任、他的下属，责怪特定供货商，甚至责怪他的客户。他将自己塑造成从前任手中接下烂摊子的“受害人”。

接下来发生了什么呢？前任对他把矛头指向自己的新闻报道甚感不悦，决定以同样的方式反击，通过媒体捍卫自己的名誉。由于这位领导者在公司中的地位仍备受尊崇，在员工眼中甚至还是一位传奇式人物，因此这次事件成为公司内外关注的焦点。

整个公司因此笼罩在寒蝉效应中。员工一致认为，如今已上任超过一年的首席执行官应负起责任、往前看齐，带领员工想出接下来该采取的行动步骤。首席执行官推卸责任的行为，不但严重损害了自己的名声、削弱员工的信心，更伤害了公司的声誉。原本想要帮助首席执行官解决问题的下属，如今决定与首席执行官保持一定距离。他们发现如果帮了忙却没有产生正面结果，首席执行官会因此责怪他们。经过这次事件，该公司的士气大衰，目前仍在缓慢恢复中。

---

① 2007年美国因二次房贷导致的严重经济萧条。——译者注

协助下属

身为领导者，你应该对自己及下属的行为负起责任。因此与你的下属共同讨论如何面对压力是很明智的做法。

如前所述，最近的经济危机及后果对于各行业与公司都带来了巨大的压力。在这场危机中，如果公司仍以“赚钱”为首要动机，相较于以打造、维系企业为目的的公司，在经济情况极端时更容易受到伤害。危机来临时，帮助客户的机会也大大增加；但从反面来看，利用极端经济情况占客户便宜的机会也增加了许多。事后来看，真正优异的公司都是在强调危机自有其用的领导者的带领之下，善用危机时刻，进一步维系与重要客户的关系，因此后来成为长远发展的企业品牌。

就像我们在第一章讨论的，清晰的愿景与关键要务是成功公司不可或缺的要素。当出现经济危机，前途一片渺茫时，对领导者及员工来说，公司愿景既是船锚又是灯塔，可以为众人指明方向。然而，如果你的企业伦理讲求的是“不惜一切代价地赚钱”，那么员工在你的带领下所经受的压力很可能会导致企业受到伤害；幸运的话只是经营受损，最糟的情况则是潜在的企业伦理缺失。

这就是经济危机时反而更应该向众人再三传达公司愿景和要务的原因。在这种情况下，你必须好好思考公司从事的究竟是哪种业务，以及当你的员工身处压力之中，公司哪些方面会因此表现失常。导致压力产生的原因可能是担心财务亏损、担心失业、担心让同事失望等，但到头来，他们所感受到的压力很有可能是你施加的。

以往每当遭逢经济衰退，我总会对员工发表一番演说，版本或有变化，但主要内容大致如此：我告诉我的员工“不”要削减订单，不要因为屈从于利润的压力选择有损客户利益、与公司价值不相符的方法。如果他们心存疑虑，我鼓励他们将问题呈报上来（让公司更资深的领导做决定），直到他们确定自己该采取何种行动。我告诉他们，就算要犯错，也应该是为了做对顾客有益的事、为了打造企业品牌而犯错。大家应该好好照顾公司客户，时机不佳时更应如此。我们一定会度过这段时期，而且公司会长久运营下去。让我们齐心协力打造更好的公司吧！

在充满压力的时刻，你应该对员工再三传达上述信息，尤其是对你的高层下属耳提面命。你的高层下属也是公司的典范，因此他们的言行会被他们的下属仔细观察。而且你的下属也是人，他们可能害怕失业、可能家里急需用钱、可能野心勃勃想爬上更高职位。我会试着在这艰难时刻花很多时间与高层下属相处，坦率地谈论大家面临的压力，以及讨论他们处理压力的方式。

如果处理得当，这种方式将会大幅改善你的下属的行为，让他们成为更称职的公司典范。这会帮助你和你的公司渡过危机，处于更有利的竞争地位。

成为典范

在本章中，我们强调了领导者作为他人行为典范的角色。言语和行动同等重要，而且言行务必一致。我们也谈到压力特别大的情况，以及领导者必须具有足够的自我意识才能了解自己的压力源是什么，并谨慎管好自己在压力下的种种行为，确保自己的言行与他想建立的企业愿景和关键要务相符。

我们也谈到帮助你与你的员工面对压力的几种方法。从我个人的职业生涯来看，我发现存钱、避免入不敷出、持续写日记、做公益与参加其他感兴趣的活动以保持情绪平衡等方法很管用，能帮助我在形势艰难时仍保持头脑清醒。我会把这些方法分享给学生，也鼓励他们研究出自己的解压方法。

另外我也发现，情绪上做好“随时可离去”的准备相当管用。这意味着你知道自己不做这份工作也可以好好生活。要达到这种平稳心境，首先要相信别人对你工作表现的评价并非你人生的全部。此外，这也能帮助你维护你自己的愿景及道德原则，纵然压力很大也能坚持始终如一，不会违背。当然，找出这些解压方法需要花上好长时间，但随着你的工作资历增加，情绪也随着年龄增长逐渐稳定成熟，你终究会找到的。

现在就开始思考这些议题吧。找出让你的情绪超然、独立于外在环境的方法，会帮助你成为更称职的典范，让你表现得更加优异，在严峻的考验面前凸显出你的不凡。

建议后续步骤

1. 写出两三个你认为你的行为（相对于你的言谈）所传达出的信息。向能够直接观察你的人（例如重要下属或顾问）寻求建议，回答这个问题：在你“想要”传达出的信息与你“实际上”传达出的信息之间，是否有不一致的情形？
2. 让你的直属下属也做一次这个练习。他们认为公司珍视的价值是什么，而他们的行为又传达出哪些信息？如果出于分析必要，那就谨慎地向周围的人探询这个问题。将这个练习整合到你对下属所做的教练指导之中。
3. 想出某个让你感到极度有压力，导致你做出令你后悔的行为的工作情境。写出一两个让你产生这种压力感的原因，并承认这些原因其实与工作本身无关。如果你可以让情况重来一次，你会有什么反应呢？写下你做了这个练习后的一两个感想。

第七章　发挥你的潜能

做真实的自己。

你追求的职业生涯，是否与你对自身优势、弱点及兴趣的评估一致？

如果不一致，那你还在等什么？

你发展出属于自己的领导风格了吗？

你会信心十足地大声说出你的意见，并自信地行事吗？

你会鼓励员工忠于自己、勇于表达自己的观点吗？

本书前几章重点关注了领导者应自问哪些问题，以便更有效地领导团队。其中许多方法都需要你打破旧习，建立新习惯，并学会提出新问题。前几章的内容主要在于“识别问题，处理它”，换句话说就是：为你提供实用建议，告诉你可以如何培养领导技巧，以及整个公司如何才能更有效地运作。你读了之后很可能会挑出让你产生共鸣、与你公司目前情况有关的想法与建议，并将它运用到现实生活中。

然而，现在我们要进入的章节主题则是区分出“合格领导者”和“优秀领导者”。本章要谈的内容非常个人化，因为焦点正是“你”。

在本章中，我们的焦点会放在你个人的工作哲学方面。我将对你进行一番考验，要求你更深入、更全面地了解自己的才能、性格、价值观及热情所在。这场讨论的前提在于：如果你要成为一位优秀领导者，你必须深刻了解自己，并有意识地将你的特质与性格融入日常工作中。我深信，卓越的团队之所以“卓越”，是因为领导者愿意将自身特性融入工作中，并且也鼓励员工效仿。当大家都这样做时，他们便能在岗位上充分发挥出个人潜能，也能引导这家公司发挥出最大实力。

卓越领导者时刻都在学习与调整。关于这个世界、他们所处的行业、他们周围的员工，他们都在持续的学习和了解之中。最关键的一点，则是学习认识自己。这趟学习路程未曾间断，并且在他们生命中每个时期、每段职业经历中不断演化。

我们将会在本章讨论了解自身优势、弱点及热情的重要性。我会强调向他人学习的重要性，但你同时也应该发展出适合自己的领导风格。

我们也会谈到，你在工作中表达意见时是否过于谨慎保守，以至无法在职场上尽全力发挥。我们在本章还会提到一个重要问题：你在职场上是否有信心做自己？还是你只是试着顺应你想象中上司、家人或朋友对你的期待，做你认为“自己应该成为的人”？

除了这些问题之外，我们还将谈到如何营造让员工敢于做自己、充分发挥潜能的工作环境。伟大的公司往往由忠于自己本色的领导者领头前进，而这些领导者也营造出让员工能安心做自己的工作环境。如此一来，小至员工个人，大至整个机构都能充分发挥潜能。

了解你的优势和不足

你真的了解自己的优势和不足吗？你可以把自己的优势和不足都列出来吗？你的同事会认同你所写的内容吗？如果你是资历尚浅的专业人才，你周围有没有其他同事或资深同事兼教练来协助你完成这个练习？如果你已经是资深领导者了（见第三章），你有没有培养出资历尚浅的员工兼教练来帮助你回答这些问题？你有没有采取什么方法克服弱点，好好利用你的独特优势呢？

一位最近刚上任的首席执行官，在担任首席执行官一职之前已在 4 家不同的公司工作过，担任的职位一个比一个高。他前几年曾在一家大型且多元化的工业产品公司担任财务总监，后来又接管那家公司的一个重要部门。由于他在行业内的名声很好，因此后来被一家位于美国中西部的全球性工业产品公司聘请去当首席执行官。他的新东家对于邀请到他担任首席执行官一事感到非常幸运。

走马上任 8 个月后，首席执行官发现他在新职位上还是走得跌跌撞撞，于是他打电话问我是否愿意抽空与他讨论一下他的领导风格，一并给他一些如何更有效领导的建议。

后来我们见了面，我先请他描述 3 项自己最出众的优势，以及 3 个最严重的不足。这位前财务总监对此给出了全面而坦诚的总结。我从讨论中了解到，在他担任上一家公司的部门主管时，他的上司已经对他这方面做过审慎严谨的评估。但不幸的是，他列出来的多项优势都和他目前担任的职位没有直接关联，而多数不足却会直接影响到他的首席执行官生涯。我们说到他先前担任的部门主管一职其实和现在的首席执行官职位有很大差别，例如身为首席执行官，他在电视上出现的次数大为增加，而且必须要面对新公司的重要成员。此外，如果他想要当好首席执行官，必须比以前更懂得如何挑选出能胜任工作的部门主管，以及找出合适人才担任要职（例如人力部主管、财务总监、信息部主管）。然而，过去他通常是与这类人才一较高下，而不是评估这些竞争对手的才能，以便将他们选进自己的工作团队。

我们讨论到他的工作内容中有哪些是需要做到出类拔萃的任务。我请他好好思考一下，他自己或是他的团队需要培养哪些技能，才能表现出这般水平。

这些都不是他当场就可以回答的问题。在接下来的几周里，他认真思考了这些问题，并研究了重要对手公司的首席执行官有哪些特质。有些人他是认识的，至于他不认识的，他也找出足够的公开信息对这些首席执行官的工作风格进行更深入的了解。与此同时，他也询问直接下属对自己在优势及不足方面的意见，而他的直接下属对这些问题都做出了积极的响应。以前他们的上司从未问过他们在这方面的意见，因此他们受宠若惊，很热心地提供帮助。

不久后，我们再度见面讨论，这次他有了更新后的自身优势与不足评估结果，我只给出了一些教练指导，他就想出了能够帮助自己在多个重要领域有所进展的培训计划。比如，他了解到自己需要加强在公众场合演讲的技能，因此聘请了一位演讲教练。此外，与媒体的关系也是他需要加强的部分，因此在他的要求之下，公司内部的沟通团队为他办了“专人研讨会”，为他提供媒体培训、投资人关系，以及与记者应对进退方面的指导。

除了克服不足，他也深入思考了自己的优势所在，以及如何将实力充分发挥出来。包括他自己在内，众人一致认为他比公司前两任首席执行官都更擅长分析。他知道该公司董事会之所以聘请他来当首席执行官，部分原因是希望他能为公司决策加入更严谨的分析过程，而且他确实具备这项能力。最后他得出结论：只要他做得不过火，严谨分析就是他可以履行新职务的独特能力。

当我们的讨论结束时，这位首席执行官觉得这场练习对他如此珍贵，以至他决定日后要定期练习，定期听取他人的反馈意见，更新自己的优势与弱点清单。怀着这种斩钉截铁的态度，他还决意培养一群下属级教练，帮助他更精准地做出自我评估，并确保他准确把握企业的脉象。在日后的每次公众演讲或电视演说之后，他都将收到下属们的批评意见。

几个月后他告诉我，他相信自己原本的优势经过训练后有了大幅的进步，而他的主要不足在众人协助下也大有改进。除此之外，他还制定了新的公司教练制及“早期警告”互助关系制，这些政策让他的重要下属和员工对他的评价大为提升。这是非常成功的经验，而几个月前，恐怕没有人相信这个故事会成真吧。

终生学习者

对自己优点和缺点的掌握，是一个永无止境的学习过程。每当你更换一份新的工作时，这份自我评估就应该更新一次。即使你当上首席执行官后（或是其他你梦寐以求的领导岗位），这堂课也不会就此终结。就算你自此之后都不再换工作了，你的工作也会随着时间推移而发生变化。世界时时在变，而外界对这项工作的需求也会不断发生改变。因此，随着工作需求的不断变化，你的相对优势与不足也会跟着变化。不论你是否喜欢，你都需要敞开心胸，更新你对行业的观点，并且保持乐于学习和进步的意愿。通常，当你抓住了机会爬上了期望的领导高位，你认识自己、培养技能的能力将面临挑战。

顺便说一句，这项练习可不只是新兴或高层主管的专利，而是越早开始越好。基于上述种种理由，“好好认识自己”也是需要你在人生中持之以恒练习的一项思维训练。可不要现在练习得很认真，但等你“大获成功”之后就把它抛诸脑后了！

“停止学习，便不再成长。”你常常听到这样的话吗？你是否谨记在心了？你有没有许下“活到老，学到老”的承诺呢？我劝你赶快许下这个承诺，因为“好好认识自己”正是杰出领导者不可或缺的特质。

认清你的热情所在

身为领导者，你需要清楚自己到底喜欢做什么工作。具体来说，你的工作中有哪些任务是你特别喜欢的，而哪些则是你宁愿交给别人去做的？

从你授权给下属的工作，你安排工作的方式，乃至你的现任职位是否合适，都要从一件根本的事说起：你必须先认清现实，了解自己的喜好。因为你对自己的了解程度会影响上述工作层面。如果你讨厌做某件事情，你大概会想要避开它不去做；相反，如果你很乐意做某件事，你大概会为这件事自动安排好时间，觉得做得越多越好。

于是，问题就转变成：你的热情是否与你的工作需求相符？你是否调整好了你的热情与工作需求，使两者相符？

欧洲一家提供疗养及护理服务的公司的首席执行官，最近由于无法有效管理手下的几位重要员工而备感挫败。她的挫败感之深，已经让她开始思考是否要继续留在首席执行官这个职位上，因此她问我，是否可以找我讨论这个问题。她谈到工作中遇到的诸多挫折，包括设备管理部的资深员工离职率高得异常、办公室后勤系统支持不力、计算机系统失灵等各式各样的问题。

我一开口就先问了一个让她有些惊讶的问题——她热爱这个行业的哪些内容："你到底为什么会选择这份工作呢？"她想了几秒，说她真的非常喜欢帮助有需要的人，也就是该公司的客户群。当她想出老人住宅新概念，并将它付诸实施，以提高老年人及慢性病患者的生活质量时，这份工作会带给她巨大的成就感。她非常懂得客户的需求，也善于针对问题设计出解决方法，这些工作令她心潮澎湃！

接着我问她，她讨厌工作中的哪些内容？她犹豫了一下，最后承认她确实不喜欢整日忙于设备管理、招募人才及指导年轻员工。我问她这怎么可能呢，因为她目前已打造出一家员工超过千人的公司，而且这家公司持续取得了各种成就。

她解释说，早年公司刚创立时，她很兴奋地想要建立自己的事业，因此愿意花时间招募员工、给予教练指导。然而在公司创造出业绩之后，她就回过头去做她原本最想做的事情了。从某种程度上说这挺合理的，毕竟她真的是一位杰出的概念式思考者，而且她也愿意与客户相处。然而，这种工作偏好对公司来说可是场灾难，因为公司的重要设备管理、教练指导事宜、人才培育、招募新人等工作就被放任不管了，随着时间的推移而慢慢萎缩。随着公司规模越来越大，这种忽视造成的问题也愈发严重。

我们谈到，她几乎不碰这些工作，甚至完全放任不管很不合理。从另一方面来说，她其实不需要事必躬亲（见第四章）。她应该找位高层主管，授权对方管理招募新人、给予重要员工所需的教练指导，以及找出其他资深主管一起来负责教练制的相关事务。

我们的讨论结束之后，她找了一位高层主管来担任公司新设的首席运营官一职。这位新任首席运营官直接负责重要设备的管理事务、人才培育及教练指导事务。这位首席运营官深谙公司文化，而且热爱这份工作。他做事效率很高，因此为首席执行官创造了更多工作空间，让她可将精力集中在她向来就很擅长的重要事务上。

但我们的任务尚未结束。在接下来的讨论中，我对这位首席执行官说，她不应该从招募新人与人才培育的前线中完全退下阵来。我让她仔细想想其中有哪些她真正喜欢并能有效完成的部分。她思考之后发现，其实她很喜欢和公司主管坐下来讨论新的发展计划，以及共同想出更好的服务方式。她表示自己可以，也应该更经常地做这些工作。

讨论结束 6 个月后，我收到了她最近的进展情况。她告诉我，她现在过得很快乐，而且公司如今也运作得更加有效。她坦承自己有点儿惊讶，原来“修好公司”这么简单。

发挥工作激情

上面这个故事乍看或许很简单，给我们的启发也很明显。这位领导者怎能没有发现她忽略了对公司不可或缺的重要任务呢？如果她发现自己不想做，她怎么没有授权别人去做？其实从我的经验来看，这些问题并不如你所想的那样显而易见。很多主管都相信有些事情他们非亲自去做不可，无论他们的能力和兴趣是否和这份工作相符，他们都得亲自处理。他们认为将工作授权给他人是一种懦弱的表现。因此，他们亲自完成这些工作，但做得很差或是偶尔才做一次。

问问你自己，你会不会无意中忽略了你不喜欢的工作，而且也没有将这些工作授权他人去做？你是不是将多数时间放在了你真正喜欢的工作上，把其他不那么喜欢但也同样重要的工作放任不管？问问自己这些问题，勇敢面对答案，然后（必要的话）制订出主动出击、正视现状的行动计划吧。

再说一次，正如前几章所强调的，你必须好好匹配自己的时间与公司的关键要务。话虽如此，如果你手边有些工作必须持之以恒地做好，那你就必须学习喜欢上这些工作才行，而且要做到非常出色。好好思考一下，你是否对你选择的工作内容拥有足够热情？

当我的 MBA（工商管理硕士）学生在思考如何选择毕业后第一份工作、该进入哪个行业时，以上是我必然会给出的建议。对很多年轻人来说，“高薪待遇”固然是工作的重要动力：但很不幸，唯有多年辛勤工作才能获得丰厚的金钱报酬，而且通常要持续不懈工作、表现杰出，才能达成这个目标。如果你不喜欢自己正在做的事情，要长期持续不懈地杰出表现可是难上加难！对刚踏入社会的年轻专业人员而言，这是通往成功之路的重要一课。

当你成为高层专业人才时，你的工作内容很可能会发生变化。

诸多变化中，其中一项就是你拥有了授权手边重要工作的机会。身为资深领导者，通常你很可能会偏好某些特定的工作内容；对于你缺乏热情的工作，你可以考虑将这个重要任务授权给“拥有这份热情”的人去做。此外，我还会建议你进一步扩大练习范围，确保你的直接下属也能做出这番改变。

不过，我可不是说你手边的工作都必须很有趣才行。高层领导者有些必然要去做的任务，例如决定薪酬和升职制度、进行人事评估，甚至是开除员工等，这些任务小则让人感觉芒刺在背，大则痛苦万分，而领导者必须学会欣然接纳这些任务。我的意思是说，如果情况允许的话，领导者应该尽量专心做好适合自身技能与热情的工作，同时尽力确保手边工作不论是自己来做或是交给他人去做，都能高质量地完成，并合乎公司要求。

培养适合自己风格的高效领导力

除了找出自身热情、顺应热情发展之外，“培养适合自己风格的高效领导力”也是“做自己”的一个方面。

你的“领导风格”就是你的工作方法与态度。为了抽丝剥茧地分析出你的风格中有哪些基本元素，你必须先问自己几个问题。例如，你喜欢开开玩笑，还是你天生就比较严肃？你偏好一对一的面谈还是小组会议？你说话是坦率直接的，还是倾向避免正面冲突？你偏向分析思考（通过大量分析来理解事物），还是偏向通过谈话了解事情，抑或是两者结合？你对如何激励他人有什么看法？你相信众人都需要被棍子赶着走才会认真工作，还是你相信只要给出明确的方向和教练指导，再加上适当的激励，大家就会努力向前冲？

你对上述问题所给出的答案，对你的日常行为与工作方式都有着强大的影响。每个人都可能以自己认为对的、符合自己情感需求的方式回答。不过，幸好领导风格不是只有一种，而且根据不同情况搭配多种领导风格甚至可能更有效。

你所面临的挑战，是要培养出一种不只适合你，也要切合公司需求的领导风格。如果你的风格不适合你，那种做法就不可能持久；而如果你的领导风格适合你，但不符合公司情况，那你也不可能成功。此外，当外力或其他因素改变目前情况时，你面临的挑战将更加严峻。在通往持久有效领导的途中，其中一项从不间断的挑战就是：该怎么适时校正航线，发展出既能保有公司契合度，又合乎你性格与特点的领导风格。

“领导风格”这个概念，值得你在从事人生第一份工作时就开始思索。在你尝试不同方法、承担新任务的过程中，必然要经过反复尝试和犯错的过程。但我给年轻专业人才的建议是：越早开始这个过程越好，别等到你变成高层专业人士时才起步！

写下来很有用

你对这个主题充分考虑过了吗？你可以写出你的领导风格中的

基本元素吗？我鼓励你现在就写下来！拿出你的笔记本或 iPad（平板电脑），写出几句话形容你的领导风格吧。

有什么意外的收获吗？书写的过程会让你开始思考自己平日的行事风格，并发现你行为背后的隐含假设。多数人平时不会很刻意地思考自己是喜欢一对一面谈还是小组会议，也不会细想他们实际中的工作方式。当他们停下来反思时，他们对自己的“行事方法”可能会不太满意，说不定还会发现这种方法没他们想象中的那般有效。

你对自己的风格感觉良好吗？它是有效的吗？它合乎你的价值观吗？你写出领导风格中的组成元素时会忍不住皱起眉头吗？你为什么皱眉呢？

倾听真相

一位任职于一家大型工业企业的高层主管，某日被该公司首席执行官告知，他所领导的部门中暗流汹涌，众人对现状有很深的不满。这位主管听到后感到很惊讶，也不认同这一看法。为了解决争端，他们两位都同意进一步了解真相。首席执行官督促他与我见个面，谈谈到底发生了什么事。

我们首次碰面时，这位主管一开始就很强硬地表示不同意首席执行官先前的评估意见。这份评估结果来自 360 度反馈系统（包括他在内，被评估的一共有 50 位高层主管），而他相信这个评估流程必定出了纰漏，导致未能公正评估他的技能及效率，反而演变成主管间的人气竞赛。

讨论一开始，我先问他能否形容一下自己的领导风格。他的回答全是耳熟能详的陈词滥调。他说了诸如此类的话："我相信应该将合适的人放到合适的位置上；我相信应该给员工所需的资源及足够的发挥空间，以便让他们证明自己；我相信必须创造出让众人得以超越自己的工作环境；我相信领导者应该作风强硬，但同时力求公平；我相信保持开放的必要性，领导者应该随时倾听。"我没和他争论什么，但我确实向他指出评估结果与他所说的差异颇大。我建议他与其完全依赖上述评估结果，不如让我和他部门的几位重要主管面谈，他爽快地答应了。

4周后我们再次碰面，这次我交给他一份我与部门内主管面谈后，根据我所听到的信息所做出的坦诚评估：

> 他不听任何人的意见，也从来不问问题，只会不断宣扬自己的主张。每当我与他会面时，他总是主导谈话过程。他从来没给过我教练指导，其实他根本没花过时间好好认识我。他很喜欢引用宣传口号告诉我应该怎么做，但他根本没给过任何具体建议，因为他完全不了解我、我的工作、我的部门。他不喜欢听到问题，当我有问题的时候，他会刻意避开我或者责怪我。明明是同一件事情，他对不同的人居然会有不同的说法。他令人畏惧，因为他明确告诉我应该效忠于他，而若他听见我在公开场合批评关于他的事情，他会把这种行为看成是对他个

人的背叛。他不喜欢让大家针对议题公开辩论，他老是自己做决定，却要假装是我们共同做出的决策，因为“我们已讨论过这个问题了”。

他听到这些批评后非常震惊。他先前为什么没从这些人口中听到这种反馈意见呢？他这才了解到，部分原因是他从未问过他们，而且他塑造的形象是“他不想听到这些反馈意见”。他终于发现，原来他实际上的领导风格和他所谈论的陈词滥调完全不同。

现在问题变成了：为什么他先前没发现下属对他有这么多意见呢？他现在想要处理这些问题了吗？他愿意开始培养更有效的领导风格吗？如果答案是肯定的，那他现在该怎么做呢？

首先，我交给他一项任务。我告诉他：“诚实写出你的个人领导风格，别再写那些你先前告诉我的广告台词了。如果你需要别人帮助的话，去找你手下几位下属来面谈，请他们协助你完成任务。如果你觉得找最亲近的下属谈话会比较容易，那可以先从他们开始。告诉他们，你希望可以与他们深度对话，请他们针对你的领导风格给出具体意见，并且说说他们认为你是怎样的人。当你觉得你已经梳理出想讨论的内容时，再打电话给我。但如果你觉得浪费时间，就别再做这个练习了。老实说，没必要感到有压力，如果你不回电话给我的话，我也不会觉得怎么样。你要记住这场练习是为了你自己，可不是为我而做。”

3 周后我接到他的回电，他很认真地看待这场练习，并根据他与几位下属的对话内容，以及切身自省之后所得的结果，认真写出一番对自己的评价。在我们的谈话过程中，他提到自己的领导风格是多年来逐渐养成的，他观察以往几位上司的行为，借用他们所用的工具与技巧，顺应自己的个性发展出如今的领导风格。比如，他坚信领导者应该凡事都知道答案，大力鼓吹自己的观点，时时展现自信，避免表露出任何不确定或弱点。

在他与下属面谈，好好考虑听到的意见并且找我讨论之后，他终于了解到：他现在作为一个事业处于上升期的部门主管，如今正是培养自己领导风格的绝佳机会，他应该找出既适合自己个性又不用强迫自己当超人的领导风格。如果他可以多问些问题，多倾听他人意见，多试着了解下属的想法，勇于承认自己不是对所有问题都有答案，或许他就能成为更高效、更强大的领导者。也许他的改变不但不会让升职遥遥无期，反而会增加他最后当上这家公司或其他公司首席执行官的机会。

直到问题发生时，他还是认为领导者应该一肩扛起公司重任。然而他的公司业务在本质上错综复杂，这份重担扛起来会异常艰难，而且这绝非有效的领导方法。现在他了解到其实可以换种领导风格，转由其他路径解决问题。

什么是你真正相信的事物？什么样的感觉会让你舒服？你的领导风格是根据你对“伟大领导者”的概念发展而成的吗？这个概念是从哪里来的？这种领导风格对你和公司真的有效吗？这些问题都很难回答，但你必须愿意问自己这些问题，并依据答案采取行动。

你一定能够学习、调整，继而做出改变。

将自信与公司信念结合

我相信要当一位成功的领导者，必须先对自己有相当的信心才行：从某种程度上讲，你必须相信自己拥有能为公司贡献独特价值的才能，而公司雇用拥有这般才能的你是再幸运不过的事情。

但除此之外，你需要的更多。你需要将你的自信与更高层面的信念结合起来。为了培养出你的个人风格，追寻你的热情所在，增强你的工作技巧，你必须相信这个公司了解你个人的特殊贡献，而且最终会加以回报。你必须相信“正义终将得到伸张”。

这道理乍听之下理所当然，但从我的面谈经验来看，许多年轻的专业人士和资深主管都不这么想。20 年来，我见过许多各层次的主管（其中多为资深主管）未能在职场上充分发挥潜能，原因不是他们的自信心不足，就是他们根本不相信公司会对他们的付出给予等价回报。这种想法往往拖延了他们的工作进度，阻碍了个人的成长，最终将削弱他们对公司的贡献。

举例来说，这种缺乏信心的症状是：他们会根据自己未来将得到何种回报，决定该采取何种行动。他们会因此受人赞赏吗？会被加薪吗？有助于升职吗？在关键人物看来是不是够体面？他们采取行动之前，心中先想到的就是这些问题。因此他们较难跳出“对自己有何好处”的思维，无私地为他人付出。

相信公平

我处理过的个案中有几位年轻的专业人士及多位高层主管，谈到公司内部的“公平度”时，总是一副愤世嫉俗的态度。为什么他们会有这种态度呢？原来在他们的职业生涯中，曾经是“不公正”的受害者：他们没有如愿升职，认定自己应得的加薪也被上级拒绝。或许是他们自己搞砸了，却认为没得到“公平对待”。不管具体情况如何，这些遭遇都在他们心中留下长久的伤痕，影响他们对于“公平待遇”的信念。他们后来形成的信念是：职场上绝不可能有“公平”二字，而他们自己也应该照着这条准则行事。

如果你在经营自己的公司，你也许会认为这不是问题，毕竟你就是老板。但在我曾处理过的几个案例中，有一些自己开公司兼任首席执行官的人，他们认为自己会受到父母、配偶、兄弟姐妹、亲属，甚至是儿女的评判，因而他们不再相信自己的风格、技能与奉献能得到应有的认可。这也是如今“家庭企业顾问”这个行业兴起的原因，他们会针对小型、独立的家庭事业提出意见。在这些家庭事业中，机能失调和信任缺乏的问题的严重程度不亚于其他大企业，而当我与这些首席执行官讨论时，他们的问题经常围绕着一件事：以往他们认为很公平的系统，如今却让他们丧失了信心。

是否相信公平有这么重要吗？谁会在意领导者对这个系统愤世嫉俗或失去信心呢？我认为这非常重要。因为愤世嫉俗、心怀不满的领导者将会发现，他们很难做出我在本书中提倡的所有行为。他们无法聚焦于自身优势、弱点和热情所在，也无法改善领导风格、忠于自我，反而会将精力用在讨好他人上。他们就是无法找出一种忠于自我的领导风格，甚至无法认真看待这个挑战。这种态度向来会引发强烈的连锁效应：如果连领导者自己都不相信这个系统，整件事情就变成一桩自我应验的预言——“我不相信有公平这回事，所以真的也就没有公平可言。”他们很快就会发现，连要营造团队信念，让全体员工为公司利益好好工作都变得更加困难。而且他们发现，是他们自己在无意之中鼓励了自私自利的行为，这将损害公司及其客户的利益。

但这则自我应验的预言，从反面来看也是真的：创造出公平运作的系统，多劳多得，对公司而言是一种不可多得的竞争优势。能令杰出人才心之所向的，是忠于自我的领导者，以及行事公平，鼓励员工充分发挥才能的公司。

也许这对你来说过于情感化或者太脱离现实了，但我鼓励你再好好想一想。优秀公司运营一段时间后，由于多劳多得的回报机制日渐瓦解，最终走下坡路，这样的案例屡见不鲜。我曾经与这种公司打过交道，所以可以确定地告诉你：导致公司情况进一步恶化的其中一个主因，就是员工对领导层和内部系统的公正性失去信心。公司主管一旦丧失信心，就很难完成本书中所描述的重要领导任务：为了提振士气，提出愿景与关键要务，推行教练制和导师制，员工才能培训及打造出持久的公司契合度。

不论哪家机构，全体员工都需要共同的信念。为了达到最佳表现，他们想要也需要相信自己；为了超越自己，他们最终也需要相信他们服务的公司。你的领导力有助于创建这种环境吗？

偏离轨道：不是首席执行官，而是“愤世嫉俗官”

一家提供专业服务的大型公司，其首席执行官对于自己无法带领公司往下一阶段前进而感到很沮丧。他与我已经认识20年了，而当我到哈佛大学任教时，他问我是否可以给他点儿意见。

我们初次为这件事面谈时，他描述了他很渴望将公司版图拓展至全球各地，并根据公司的独特能力，把现有的产品线拓展至重要市场。这项策略在我听来非常合理，他的话听起来也没有偏离公司契合度，所以我问他为什么想听听我的建议。

他解释说，为了执行这项策略，他必须将几位重要领导调任到国内其他地点或海外。但不幸的是，他无法说服任何一位主管调离现任职位。因此他从公司外聘请人员，但这些新员工不是无法适应公司文化，就是工作表现不佳，因此最后都被淘汰了。正当他的公司被必要的人事调动搞得焦头烂额时，竞争对手却在飞快地成长，超过了他自己公司的拓展进度。结果他的公司失去了一定的市场份额，而这项策略也受到了更深的打击。

他问我，能否帮助他找出厘清混乱、解决问题的方法。他也鼓励我和他身边最重要的6位主管谈谈，并愿意提供任何我可能派得上用场的重要财务或策略信息。

我仔细看过各种各样的内部信息之后，接着与那6位重要部门主管进行了面谈，然后我发觉谈话内容听来颇为刺耳。他们说："在这家公司里头，只要你创造效益和利润就会得到报酬，就这样。"他们没有丝毫歉意地提到，他们不但无法说服内部的重要员工为了公司利益而调换工作，连他们自己也不想为了推动公司新方案而牺牲个人利益，或是拿自己的职业生涯冒险。他们相信这种牺牲事后也不会得到公司的回报。他们以前就亲眼见过公司实行新方案的状况，那时甘愿为公司冒风险的主管最后都没有好下场，职业生涯因此大受影响。

我试图让这些主管的态度缓和些，以便拉近他们与首席执行官的策略目标的距离——毕竟，这可是他们的上司啊！他们每个人都提到，多年来他们就在他身边工作，看着他在这家公司步步高升。他们说这位仁兄之所以坐上首席执行官的高位，是因为他之前掌管的部门创造了相当高的利润，而他很擅长将功劳全揽到自己身上，还因为总是只顾私利而臭名昭著。他甚至还曾经公开嘲笑过他如今实行的"投资"策略计划，甚至劝阻其他优秀主管不要为公司冒风险。

几年下来，这位首席执行官的下属身上，也都恰恰反映出他以私利为优先的价值观。后来他和他那群"怀疑论"下属的事业越来越成功，最后成为公司的领导层。现在他们这些主管又被要求"以公司福祉为优先"：让他们调到海外、更换工作、整合有经验的公司新人、为有前途的年轻人才提供教练指导等。他们被要求牺牲小我、为他人服务，而这些行为不一定能给自己带来利益，只是“对公司有莫大福祉”。

这位新任首席执行官无法要求员工接手那些应当完成的任务。结果当环境发生变化时，这家公司也开始分崩离析。该公司在市场上的份额逐渐萎缩，对手一个接一个地超过它。

后来，我和这位首席执行官在他的办公室举行了跟进会议。我向他说明我的发现：他的员工那么会为自己着想，是从他身上学到的！他们学到，相信公司是件愚蠢（或危险）的事，顾好自己反而聪明得多。他们也学到，这不过就是份“工作”而已，如果有更好的工作机会送上门，他们会认真考虑离开公司。他们不应该假定公司的强大对大家都有利，也不应该根据这个前提“多做一点儿”。相反，抢先争第一才是上策。

此时此刻，我们两人决定一边吃晚餐一边讨论——还刻意选了个离公司很远的地点。用餐时我问他，为何他在公司内部的“怀疑论者”形象如此鲜明。他告诉我两个故事，是关于他早年工作经历中的负面影响，这些事件形成了他现在对待工作的态度。他谈到这些往事时仍余怒未消，看来他对此仍耿耿于怀。但我也指出，很多专业人士早年都有过这种负面经历，大多数人却能摆脱不良情绪继续前行。很显然，他还未能做到这一点。

此时他终于不情愿地承认，他愤世嫉俗的态度已经削弱了他在工作中充分发挥潜力的能力。如今的问题在于：该怎么补救？他决定要认真自省，好好思考他的领导风格背后的各种假设。他也需要好好思考公平的议题：他是否认真考虑过，确保正义在自己领导的公司中能得到伸张呢？他总算发现，如今他已经没有“愤世嫉俗”的资格了。现在他必须要创造出让众人相信“小我之外还有大我”的环境，让他们愿意将公司及同事的利益置于个人的利益之上。

我们也讨论到现在应该采取哪些特定步骤，以便处理问题。首先，他要开始施行新的主管薪酬与升职制度：重要的不再只是创造利润了，虽然这种制度对这家公司来说还是新鲜事物。其次，他要找到愿意为公司牺牲的领导，将他们调到重要主管职位。为了完成这些任务，他必须从根本上改变他对“成功主管”的定义，并且要做到言行一致。

尽管我很希望告诉大家这个故事最后有个完美的结局，但现在仍没有定论。要在一夜之间从自私、愤世嫉俗的人转变成事事以他人为先、放下私利的人，是非常困难的事情。如今他仍在吃力地转换自己的思维模式，试图从更宽广的角度理解“公平”的定义，并对那些不仅着眼于产品制造，而且视公司福祉为优先，以宽广的领导思维带领公司前进的主管，开始用加薪或升职的方式回报他们。

为公司注入能量

你是“愤世嫉俗官”吗？你是不是会“搭台同时又拆台”呢？如果是的话，那你搭建起来的很可能是冰冷又缺乏支持的工作环境——这样的工作环境，最终会削弱领导者的表现，公司也会变得积弱不振。

成功的公司部分建立在信念的基础上：如果你做正确的事、忠于自己、帮助别人、为企业牺牲小我，那么正义终将得到伸张。这可不是说不公可以消除，也不是说事物运作绝不会背离“因果报应”——有时难免会背离好人有好报的原则！但从长远来看，正义终将得到伸张。

你有这种信念吗？你有没有对员工灌输这股信念？

让我们假设你已下定决心在这方面好好表现，那你该怎么做呢？首先，请注意你的用词。你是公司领导者，大家绝不会漏听你说的任何一句话。请避免口无遮拦地批评，之后它可能会反过来伤害到你。

其次，除了商业生产方面，奖励员工的理由还有很多。你可以奖励各种你想要强化的行为，比如，教练指导、接手艰难任务、招募新人、优良的客户服务、建立关系，以及勇敢拒绝可能会伤害公司声誉的业务等。换句话说，你要奖励的是可以帮助公司注入能量、打造优秀公司的人。

公平环境带来的正面效果

我们接下来要谈的是更重要的议题：在公平的工作环境中忠于自己，会带来什么样的正面效果。

打造大家都相信正义终将得到伸张的环境有个附带好处，就是员工会更愿意大声说出想法、表达意见，而且还敢于恰当地提出反对意见。优秀公司的根基就来自这群敢大声说出口的员工。我敢说，如果你足够幸运能在这种环境下工作，你一定会将“找到信念，并散播它、实践它”当成积极义务看待。

你有多少次这种经历：当你在和众人开会时，有位权威人士正在发表高见，而你完全不知道这人在讲什么。同桌的其他人是不是煞有介事地点着头，好像他们了解那个人在讲什么，而且深表认同？迫于同事的压力，即便你完全不知道到底是什么状况，也会跟着点头。会后大家都对那位权威人士连连奉承，甚至连你也会加入他们，对那个人说：“你刚刚讲得真好啊！”

但如果所有与会人员都不知道那位权威人士在讲什么呢？更别提同意那人的意见了！如果他们全都是因为迫于同事压力而假装自己听懂了呢？如果真相是没人有足够信心和勇气举手承认：“抱歉，我真的听不懂你在说什么，而且如果我真的听懂了你刚才说的话，我想我不会同意的！”

当所有人就算没有听懂也都点头同意时，可怕的决定就在这种情形下诞生了，而且随时都有可能出现重大错误。这时，所有人都没有信心对上司或同事提出反对意见，而且也不认为自己有义务这么做；有时候，他们甚至连下属的意见也不敢反对。他们就是对自己的观点没有信心，担心自己可能比别人还笨，也可能他们只是那天反应迟钝了点儿。然而，其实他们都很聪明，他们的同事也很乐于听到反对意见，而且他们的发言会让整场讨论更加充实。

你曾经观察过上述类似情形吗？或者更糟——你自己从没有认真参加过会议讨论吗？

领导力的精髓

我在哈佛任教已5年，其间从年轻的MBA学生到与我面谈的主管都问过我，我对于“领导力”一词是如何定义的。是指挥他人，还是富有魅力？是指能发表鼓舞人心的演讲，还是指“让众人不管怎样都会追随你”的能力？领导力是与生俱来的，还是要靠后天学习？

我对领导力的定义如下：一个领导者，会努力找出自己相信什么，并且有勇气采取行动。要当好一位领导者，确实得具备很多因素，而以上所言就是领导力的核心。根据这个定义，领导力与你的企业规模大小、工作内容都无关，一个人就算没有任何直接下属或被正式指派的责任，也能具备领导力。

依照这个定义，要展现优秀的领导力很简单，只要愿意大声说出你的意见就行了。套用上述定义来看的话，你是领导者吗？你会鼓励公司众人大声说出自己的意见，培养员工的领导力吗？你会对领导力行为加以推广奖励吗？

很多人都被领导力某些肤浅的表面给迷住了，一头栽进闪耀的头衔、重大管理责任、金钱报酬等陷阱中，却无法通过这些领导力基本测验：认真找出他们的信念，并鼓起勇气将信念转化为行动。

那些偏离正轨，继而陷入麻烦的公司，通常是因为领导者未能理解领导力的核心本质所致。即便在那些公司中，不论年资深浅的主管都曾对许多现行措施心存异议，但他们过于迟疑不决，不敢提出议题挑战上司，想出其他解决之道，也不敢大声说出他们的看法。

拒绝恐吓式领导风格

有一家非常成功的私人公司，该公司的首席执行官相当有才能，并且以喜欢正面交锋、能言善辩的领导风格而闻名。我和他很熟，知道他其实很欢迎反对意见，但他的言谈间处处透着尖酸讥讽，无意中会产生恐吓效果，把大家吓得一愣一愣的，不敢表达真实的意见。如果你敢跟他辩论，你最好把你依据的理由列举得一清二楚，因为他会对你发动猛烈攻势，甚至会在言语上对你进行人身攻击。在他的凌厉言辞的攻击之下，你可能也会启动自我防卫模式，可能还会觉得自己很蠢。

由于他特殊的领导风格，他手下的多位资深领导决定采取他们认为比较明智的策略。有位直属下属是这样向我描述的："先试着厘清首席执行官在想什么，下次谈话时尽量表达那样的观点，如果你可以在他说出口前抢先一步，那就更好了——因为这样一来，他会认为你和他是同一类人，对你青睐有加。"

尽管首席执行官采取恐吓式风格，但是这家公司多年来运营状况良好，而且这位首席执行官在外声名远播，是众人公认的优秀经理人、领导者。直到2007年发生了经济危机，该公司领导文化的负面效果才显现出来。

这位首席执行官在经济危机时做出了几项错误决策，该公司向来细心维护的商业信誉因此遭到损害。在做出决策的过程中，几位资深领导对于首席执行官的做法颇有疑虑，但仍决定保持沉默，什么意见也不提。有一两位领导含蓄地表达了担忧，但首席执行官一主动挑战他们的观点，他们就屈从在他的权威之下。而有些人解除焦虑的方法则是：就此离开公司。

这位首席执行官在2008年年底打电话给我，希望我帮助他处理公司两年来所遭受的几项损失。我们先剖析了公司目前的经营状况，并逐项检视公司这几年来所做的重要决策，而且我可以放手和他的重要下属进行谈话。

在接下来的谈话中，我听到下属表达对过去几项重要决策的疑虑，我也得知首席执行官平日的领导风格是怎样的，以及该公司缺乏公开辩论与表达反对意见的氛围。后来，首席执行官在听到我所说的谈话内容时明显不悦，因为这几位高层主管当初在决策过程中没有鼓起勇气，挺身而出反对他的意见。

之后，我同意为首席执行官及10位高层领导主持一场度假会议。我们将这场会议设定为"打开天窗说亮话式"的讨论：每个人都必须有备而来，说出自己心中所想，而首席执行官不能立刻做出回应，只能静静地听着。接下来数小时的会议中，首席执行官听着大家的意见，慢慢了解真实情况，他发现自己无意中竟摧毁了这家公司原本的潜力：可以辩论、可以反驳彼此的意见，继而做出优良决策的资深领导团队。而他的主管们也了解到，过去他们太惧怕首席执行官好辩不休的行事风格，应该更频繁、更大声地说出自己的意见才对。

度假会议结束后，这家公司终于能够修复先前所造成的事业损害了。更重要的是，这次讨论创造出比以往更好的新的互动方式：首席执行官必须鼓励不同意见，而各主管不论资历如何，都应该负起大声表达意见的责任。

谨慎行事也有风险

多年来，我曾见过很多公司遭受严重损害，但当时全公司的反应如同上述故事情节一样，无论是前途被看好的资浅人才还是高级主管，大家都保持沉默、谨慎行事。这个问题该怎么解决？我有个乐于与大家分享的建议：尽管豁出去做吧！

这是什么意思？理性地决定说话语气和时机，最后拿出自信，说出你“心中所想”。这是你对公司和同事应负起的义务。当你不明白的时候，大声说出口，尤其是你不同意的时候更应该说出来。凡是伟大的公司，都是从愿意辩论、反驳彼此意见的氛围中产生的，真正睿智的决策在这种情况下才会出现。这种公司中的员工会忠于自己，每个人都以公司领导者的态度看待工作。

本章中许多建议都与思维模式有关。也许你会觉得这种建议是“说起来容易，做起来难”，尤其当你身负房贷、汽车分期付款、子女大学学费、婚礼费用及各种各样今日“成功人士”该尽的义务时，很难不这样想。

我几乎可以听到某些读者在心里说：“多谢你的建议，等到我有钱或是对工作更有安全感的时候会照你的建议做的。”

我对这种想法的回应是：“现在”就开始照着这些建议做吧，这样能帮助你打造你想要的安全感，并开创你渴望的成功事业。不仅如此，你还可以将才能发挥得淋漓尽致，充分展现你的独特潜能。

不过，如果可以培养某些个人习惯的话，要转换成上述建议的思维模式会比较轻松。其实你在前几章中已经读过这些建议了，但此刻我再说一次也值得：首先，对于每位前来寻求意见的人，不论什么年龄，我都强烈建议他要“存钱”。有位商学院教授形容这笔存款为“走人费”，或是说得难听点儿：“滚蛋费”（go-to-hell money），随便你怎么称呼。我认为虽然“爱你的工作”是很明智的，但你要避免“和你的工作谈恋爱”。你应该不会想变成你工作的奴隶，以至对工作充满不安全感，害怕丢掉工作而不敢冒风险吧。

这也是适当度假、均衡饮食、定时运动、培养工作以外的嗜好，以及各种让你转移工作情绪、培养其他观点的活动值得一做的原因。如果你能驾驭情绪，你对公司来说会是更珍贵的人才。

最后，也是最为重要的一点：请记住这场职业“游戏”的重点在于发挥“你的”潜力，而不是发挥别人的潜力。如果你能忠于自己、忠于你的价值观，尽可能展现你的实力，那么不论你最终的成就如何，未来你成为成功人士的机会就会大大增加。

建议后续行动

1. 列出你的 3 项最大优势和 3 项不足。为了确保你的评估确实符合你在工作、志向方面的现实状况，请向你的上级教练、同事教练、下属级教练或其他顾问寻求建议。
2. 制订出改善你弱点的具体行动计划，内容包括特定任务、在公司内寻求反馈意见或聘请外部教练。
3. 鼓励你的下属也按照步骤 1~2 做做看，并在教练指导会议中与下属讨论上述行动计划。
4. 回想你表现极佳、充分发挥潜能、对自己的影响力深感满意的时刻。当时的状况具备哪些元素？你在做的是什么工作？你的领导方式如何？当时情况有什么背景？哪些因素强化了你的表现？就你的热情、价值观及其他帮助你达成最佳表现的元素而言，你从这次经验中学到了什么？
5. 回想你帮助他人达成最佳表现的经验。你使用了什么激励方式？你的领导风格如何？还有哪些元素让你得以引导出他人的最佳表现？当你思索这件事时，你对你的人生哲学、价值观，以及未来如何更有效地激励他人等方面，是否有了更深入的了解？

哈 佛 商 学 院 最 受 欢 迎 的 领 导 课

What to Ask the Person in the Mirror

Critical Questions for Becoming a More Effective Leader and Reaching Your Potential

第八章 统整所有概念，迈向优秀领导力

反复练习，拓宽视野。

经济大衰退及其后果使不同的地区、产业、公司受到严重影响。过去几年来，全球领导者都努力适应新现实，寻求新机会。同时，这群领导者也尽力评估其公司的竞争定位及组织能力，评估并改善自己的领导效果，提出关于下一步动向的想法，以及制订策略，将想法付诸实践。

过去数年来，我有幸在不同场合中与许多新兴及资深领导者密切合作，帮助他们评估、重建、成长、发展，更有效地打造他们的企业。我也回顾了自己的领导经验（当时犯过的错误真不少），并有幸从各界领导者身上学到高效领导的方法。这些由各种各样的议题、各业界、不同地域及各种人物性格交织而成的经验，促使我决定写下这本书。

我的目标是分享我从中学到的知识：如何成为更成功的领导者，以及如何在公司内培养其他优秀领导者。就像我们先前讨论过的，这趟改造之旅的起点是培养有利于达成可持续成功的特定习惯，设计流程。

时间与资源要用在刀刃上

带领一家公司是非常消耗精力的，甚至用“一团乱麻”来形容也不为过。因此，许多领导者难以抽出时间反思重要议题，也就不令人惊讶了。当他们终于停下来反思时，有时候已错过先发制人、把握诱人机会、做出重大改变好让公司（以及自己的职业生涯）往前进的黄金时机。

本书的首要目标并不是建议你该设定哪些目标才能缔造自己的辉煌事业和公司成就，我连给出这种建议的想法都没有。每个人、每家公司都是独一无二的，而不同的产业、不同的地理和文化环境都会对整体情况产生深远影响，它们决定着哪种做法和策略在特定的情形下才是合理的选择。本书的首要目标是鼓励你反思，好好思考“该对镜自问哪些问题”。

在前面的章节中，我要求你对自己“喊停”，这样你才能往后退一步，问问自己“特定的关键问题”。喊停的意思并不是要你停止所有活动，而是有意识地把时间与资源，留给真正需要你处理的重大问题。

我先前也提到，你该何时及如何提出关于自己和公司的问题，并且为什么需要这么做。抛出这些问题是要让你了解，哪些才是你应该梳理并处理的重大议题。我也写了许多实际案例，描述梳理问题的过程，以及可能遇到的障碍，并且建议在具体情况中可以采用的处理方法。

前述许多议题和问题都能激发思考，也需要你更深入地提问、分析及反思。你很可能无法自己回答，因此需要你的员工，可能还需要其他外部人员帮助你回答问题，并给予你深刻的洞见。

你不需要知道所有问题的答案

幸好，要管理你的公司、引领你的职业生涯，关键并不在于“知道所有问题的答案”。解决问题的关键，是有意识地定期退后一步、反思现状，继而发现问题，构建出问题架构，才能更有效地带领你的公司迈向未来。

我相信要打胜这场仗，九成的战役都在于“问对问题”。如果你觉得这种说法人尽皆知，那就问问你自己在现实生活中是否经常做到了这一点。实际上，大部分主管练习的次数，与他们应该练习的次数相比少得可怜。这也难免，首先，他们每天都被卡在眼前的迫切议题中动弹不得，手边总会出现需要立刻处理的急迫事项。其次，很多主管面对困境的直觉往往都是“先找出答案”，而非“先问问题”。最后，许多主管难以将心中焦虑转化成发问得当、能够深入探讨与辩论的问题。遗憾的是，假如你拖延或逃避这项探询行动，你的事业将会严重脱轨。

养成探询的习惯

主动而定期的探询有益身心健康，也是需要养成的习惯；主动探询，你的职业生涯和公司才能在正轨上运行。以我的经验来看，优秀的主管往往都有主动、定期的探询习惯，并将这项培训纳入他们最优秀的领导实践之中。他们发现，越是经常练习往内探询、反思现状，“探询”就越容易成为有效且有力的管理工具。

不论是成就卓著的领导者，还是初出茅庐的职场新人，都可以从这些练习中获益。你的职业生涯中越早开始培养这些习惯，效果就越好。其实这像是定期来一场激烈的运动，听起来不太有趣，似乎也不比你应该排入每日的其他事项来得重要，但这真的有用。

我们假设：你读了前面的章节，已经被说服，而且迫不及待地想打造符合自己需求的问题及练习方法，好好探询你的团队及你的领导方式。这时你要怎么做呢？我会提出两项首要建议：在你的生活中多留出些反思时间，并且也为你的团队多留出些反思时间。

创造生活中的反思空间

给你一个建议：有意识地分配时间，这样一来，即使工作与生活混乱不断，你依然有退后反思的余地。你需要有驾驭时间的能力，让自己跳出当下情绪、恢复洞察力，从更宽广的角度思考重要议题。

以往我在这方面会给主管如下建议：

• 每 3~4 个月去度一次假

这样一年就有 3~4 次度假时光，其中至少要有两次悠闲的度假行程，这样才有充裕的思考时间。我提倡的是“躺在沙滩上发呆”的时光，而不是“七日游八座城市”的那种度假方法。

• 将闲散时光明确纳入平日行程

设法每个星期都留出几个晚上回家吃饭，并在周末预留反思、缓解压力、补充睡眠的时间。闲散时光需要事前规划，但该做的不仅于此；其他活动必然会占据行程表，你更要捍卫这段时光不被其他活动占据。请你了解，在外头消磨整个晚上或周末的时光听来或许很刺激，但对于反思和洞察力一点儿帮助也没有。

• 好好照顾自己也是一项关键要务

假如你没有行动不便的问题，就将运动纳入固定行程吧。注意你的饮食，并定期看医生。当你觉得身体健康、睡眠充足时，你的大脑工作起来效率会更高，处理难题时也会更客观、更能摆脱情绪的影响。“精力充沛”是拥有反思能力的必备要件。

• 找出其他保持生活平衡的方法

我在前述章节中已经强调过这点了。所谓“保持生活平衡”，是指持续投入能让你的心思脱离工作的活动，例如花时间与心爱的人相处、从事公益事业、学习新知、主动为社区服务等，或是能帮助你及你的公司拥有更广视野的活动。

这里只提供很少几个建议，我相信你还可以想出其他更适合你的解压方式，也同样契合这个大目标：创建出能够聚焦心思、增进洞察力的机会与空间。你得把自己放在对的位置，才能有条理地思索我在本书中建构出来，抑或你为自己量身定做的关键问题。

还有什么建议吗？我发现把重要问题（本书中已列出很多）列成清单贴在办公室这招很管用，可以不时提醒我这些不容忽略的议题与问题。每过一阵儿，当我的工作和世界形势发生了变化，我就会更新这张清单的内容。如果我发现最近心思烦乱、无法思考清单内容，我就会提醒自己要安排一段远离办公室的时间，好好思索清单上的议题。

你必须自行找出适合你的方式，照着计划逐步实行。无论你的方式是什么，我都要力劝你有意识地驾驭时间，在你生活中安排出可以反思、诊断、往前迈进的空间。

懂得反思的公司

除了将反思空间融入你的职业生涯之外，你也应该将这种思维习惯融入整个公司之中。

许多公司都会制订相关流程或活动，让领导层有机会反思、重新梳理议题、辩论、推动重要方案进展。有的领导团队懂得善用机会；可惜有的领导团队未能好好利用，最后流于形式或是马虎带过。

可以创造的反思机会包括：高层领导团队的周一晨会、每月或每季度一次的高层领导者晚餐聚会、领导团队的公司度假会议、为了处理关键议题而策划的特别任务等。你有没有将类似的会议、活动及任务安排进公司的日程表中？如果有的话，你会怎么利用这些场合？你是否把这些场合当成了反思的好机会？还是这些场合其实只是走个过场，大家只是报告工作现况，整体气氛不太鼓励辩论或提出反对意见，过程中既没有构建出完整的问题架构，也没有充分讨论问题？

你听领导者说过多少次他厌恶开会？你自己是否经常说出这句话？以我的经验来看，问题往往不是出在开会本身，而是组织和设计会议的方式。组织糟糕的会议纯粹是浪费时间，每位与会人都有充分的理由表示反感。如果你已将开会列入日程表，你有没有做充分准备，确保自己不会浪费这段时间？你有没有用心建构会议内容，让议题得以明确、主题得以充分讨论？你有没有安排与高层领导者一起反思的时间？

如果你对上述问题的方案无法令自己满意，那就退后一步，重新思考你的做法吧。多数会议之所以浪费时间，原因在于领导者并不是有备而来，至少不是用我所提倡的方式准备的。他没有好好思索过有待明确的议题，不明白其他与会同人对于眼前迫切议题的看法，也没有准备好要进行一场全体成员都真正参与、能够增进彼此洞察力的有效讨论。

要采用正确的方式，需要花费心思、事前准备，并且必须采取“会议分割”的做法：一方面，定期召开短时间会议，按照会议程序来，主要用来通报最新进展，但会议内容扼要精简（周一晨会应该就够了）；另一方面，规划间隔时间较长，但能够充分辩论及讨论的长时段会议，开会地点最好远离公司，而且要选个与会成员都不用时时担心手边未完成事项的时机。

在开长时段会议前，你必须好好思考开会议题，准备好开会时可提出讨论的关键问题，也要请与会成员做好辩论和讨论具体议题的准备。上述会议都需要配合后续讨论，这样会议中得出的深刻洞见才不会被众人遗忘，也能确保好的提案被付诸实施。当你用这种态度主持内部会议或公司外会议时，你的团队会变得更强大，你的声望会提升，此外你也会发现当众人采取行动时，整体事业也会变得更强健。

你必须设法创造让公司团队得以反思的空间。如果你还没这么做，就是白白浪费了增强公司实力的好机会。从更宽广的角度来看，当你规划公司重大事件、更新公司行事流程，以及安排关键要务时，都应该将这段反思时光纳入其中。这些会议都是你重申愿景与要务，并强化所提倡价值的大好时机；而当你给员工表达机会时，开会也赋予你倾听与学习的绝佳机会。

迈向未来

我提出上述建议是为了帮助你迈向未来。接下来的数年，巨大改变很可能会接踵而来，我们的确刚刚走过了一段艰辛路程，但我相信接下来的几年将依旧考验着领导者的能力与适应力。

幸好，尽管否定论与悲观论者怀疑领导力已死，但从我与全球数千位主管互动的结果来看，我确信领导力如今仍活得好好的，它仍活跃于公司与非营利机构之中。数以千计的领导者愿意花时间寻求建议，致力研究最佳做法，并学习如何锻造、打磨他们的领导力与管理技巧。

这些领导者的故事及他们开放的学习态度，不断激励着我。我希望本书中提出的问题与建议，事后看来至少有几项对你和其他人都派得上用场。

建议后续步骤

将本书附录贴在你的墙上（或其他你会常常注意的地方），定期检视它，同时自问是否花了足够时间思考其中的主题。这些能帮助你的机构更有效运作的关键问题，你问自己了吗？

附 录

高效领导，发挥潜能
——不可不问的关键问题

设定愿景与要务

领导者每日忙于各种事务，因此常常忘记要充分传达他们对公司的愿景。但是，就算他们传达出了愿景，他们的表达方式也无法让下属确定该集中精力做什么。

- 你有没有为你的企业描绘出清晰的愿景？
- 你有没有列出 3~5 项实现愿景所需的关键要务？
- 你有没有主动向公司员工传达这幅愿景，并将愿景与关键要务结合在一起？

建议后续步骤：

- 用三四句话写下你对你的企业或部门的清晰愿景（如果你认为第一章的“构筑愿景”对你有帮助，可以试做一下其中练习）。

• 列出 3~5 项实现愿景必备的关键要务，即根据你目前的定位，为了迈向成功而必须做得极为出色的任务（如果你觉得把要务缩减到 3~5 项有困难，请参考第一章所述的系列一、系列二、系列三练习）。

• 问问自己，这幅愿景（及要务）是不是够清楚，让人一听就懂。此外，也问自己传达愿景与要务的次数是否足够频繁，让你的直属下属与员工都能脱口而出。你可以找几位重要员工面谈，看他们是不是真的了解愿景与要务，而且可以自行复述内容。

• 找出适合传达、重申、讨论愿景与要务的场合，并制造给大家问答的机会。

• 召集主管团队，召开度假会议，好好针对愿景与要务辩论一番。特别要用心思考目前的愿景与要务是否仍跟得上竞争环境变化、世界局势变化，并符合事业需求。学着善用度假会议更新你的愿景与要务，并确保你的高层领导团队对于愿景与要务的意见一致。

时间管理

领导者必须知道他们平日是如何利用时间的，也要设法让他们（及他们的下属）分配时间的方式与关键要务搭配得当。

• 你知道自己是怎么利用时间的吗？

• 你利用时间的方式与你的关键要务搭配得当吗？

建议后续步骤：

• 连续两周追踪并记录你利用时间的方式，将观察结果分成几个主要类别。

• 将已分类的项目与你的关键要务做对比，哪些地方搭配得宜，而哪些地方搭配错误。列出搭配得当和错误的部分，从后者中挑出属于系列二和系列三——可交由他人处理或根本不应该处理——的事务。

• 制订出改善搭配错误的行动步骤，例如将他人也可以做好的工作，授权给他人处理。事前决定好，应该拒绝哪些不在你关键要务清单上的事务请求。

• 几个月后，重复前3项步骤，评估你利用时间处理关键要务的状况是否有所改善。

• 鼓励你的下属也加入前述步骤练习。

给予反馈，接受反馈

领导者常常没有及时、直接给予员工需要的教练指导，总是等到年终评估才给出意见。这种方式往往令人惊愕和不悦，而公司也难以有效培养专业人才。另外，领导者培养出能够在平日给出建议与反馈意见的下属，也是同等重要的课题。

• 你会指导并主动培养你的重要下属吗？

• 你给的反馈意见够具体、及时、可行吗？

• 你会请你的重要下属给予可行的反馈意见吗？

• 你有没有培养出明知你可能不想听，仍敢当着你的面吐露真话的下属？

建议后续步骤：

• 写出你身边每位直属下属的3~5项优势。此外，各写出至少2或3项你认为他们应加强的特定技巧或任务，好让他们在职业生涯中有所改进。花点儿时间观察他们的表现，并仔细询问这项分析所需的信息与他人的看法。

• 至少在年终评估前6个月安排时间，与每位下属讨论你的观察结果，并共同制订出可帮助他们进步、满足发展需求、增加改进机会的行动步骤。

• 写出你对自身优势和弱点的实事求是的评估，列出至少5位可以针对这个问题给出反馈意见的下属，并与每位下属单独面谈，向他们说明你需要他们协助。面谈过程中，设法请他们就他们认为你可以改进的工作或技巧，针对其中至少一两项给出建议，并在面谈结束时感谢他们的协助。

• 针对你的弱点与发展需求，写出你自己的行动计划。如果你有直属上司的话（或是你信任的同事），可考虑请他们给予你这方面的意见。此外，可根据你在公司的状况与层级，考虑是否聘请外部教练。

• 鼓励所有直属下属照着做，让自己和他们的直属下属练习前述步骤。

接班规划与工作授权

当领导者没有积极计划交接工作时，他们通常也没有充分授权工作给下属，而且可能成为决策阻挠者。重要员工如果没有接受良好的培训、没得到积极的挑战，最后可能会离开公司。

• 你有没有为公司的重要职位制订出接班流程？

• 你有没有锁定你自己职位的潜在接班人？

• 如果没有的话，为什么你没有这样做呢？

• 你有没有充分将工作授权给他人？

• 你是否已变成一个决策阻挠者？

建议后续步骤：

• 为你的部门或公司制订出接班规划阵容图（见第四章），其中你的职位应列出至少两三位潜在接班人。

• 写出每位潜在接班人需要重点发展的方面，并针对他们未来职务所需的能力，制订具体行动。接着，努力做出整体发展计划，请设法利用第三章后续建议步骤中的发展行动计划。

• 对于你已承诺要授权他人的工作（见第二章），请为这些工作挑选出阵容图中的后备人选。接着，将工作分派出去吧。

• 根据将要被分派的工作对公司的重要性等级，将工作层层分类。依照这项分析，标记出哪些工作需要做到完美，哪些工作只要还过得去就行，再反观自己的参与程度，是否与每件工作的重要性等级一致。此外要记得，所谓“参与”通常是指给予下属所需的训练指导，而非直接干预。坚持凡事“挑重点”，确保你（在训练指导之外的）直接干预的范围仅限于重要性特别高的工作。

• 请你的部门领导也和他们的直属下属一起练习前述步骤。

为你的团队把脉，做出相应调整

世界时时刻刻都在发生变化，而领导者必须学会根据变化，调整他们的事业走向。

• 你对公司的设计目前仍和你的愿景及要务相契合吗？

• 如果今天你可以重新来过，重新设计你的企业，你对你的员工、重要工作、公司架构、公司文化和领导风格会做出什么改变呢？

• 为什么你至今还没做出这番改变？

• 你对自己与公司做过“重头来过”的练习吗？

建议后续步骤：

- 让某个关键部门或职能部门的员工试试“从头来过”的练习。从前述阵容图中挑出一群员工，组成一支队伍完成任务。成员方面，请从至少两三个不同部门或不同功能的部门中挑选专业人才。给这支队伍特定任务，并强调没有谁不能被批评的惯例。同时对他们明确表示，尽管你可能不会采纳所有建议，你还是希望听到他们的坦诚意见，而且非常有可能采纳其中几项建议。
- 共同制订日程表，要保证他们的任务并不属于先前的工作范围。清楚表示你愿意回答他们的问题、给予做事方向，但是你希望可以尽量不参与调查流程，以免影响他们的分析与结论。
- 听取调查结果，并且做好事后剖析，确认你和团队成员从调查过程中学习到的东西。
- 根据团队成员的若干（或是全部）建议，制订出具体实行计划。

领导者要成为团队的典范

周围的人会仔细观察你的言行举止，因为他们可以从中看出你相信何种事物、珍视何种价值。

- 你的言行举止足以成为典范吗？

• 你的言行一致吗?

• 你面对压力时会有什么表现?

• 你的表现和你所提倡的价值相一致吗?

建议后续步骤:

• 写出两三项你认为你的行为传达出的（与你所言相反的）重要信息。询问你身边能观察到你行为举止的重要下属与顾问，回答下列问题：你希望传达出的信息和你实际上传达出的信息之间，是否存在差距?

• 让你周围的重要下属做相同练习：他们每个人的行为传达出什么信息？从他们行为所传达的信息中，可看出公司珍视的是何种价值？同理，为了完成本项分析，必要的话请谨慎询问他人的意见。请将这则练习纳入你对下属的训练指导事项中。

• 回想一下，你是否曾在巨大压力之下，做出令自己后悔不已的行为。写出你认为当时让你备感压力的一两个原因，并对自己承认，这些原因其实和工作无关。如果你可以重来一次，你会怎么改变你的行为呢？写出一两项你从这则练习中体会到的心得。

发挥你的潜能

成功的领导者会发展出切合事业需求，也符合自身信念与个性的领导风格。

- 你追求的事业和你对自身优势、不足及热情的评估一致吗？
- 如果不是的话，你还在等什么？
- 你有没有发展出自己的工作风格？
- 你会不会大声说出意见，对自己的作为颇具信心？
- 你会鼓励你的员工忠于自我，勇敢表达自己的意见吗？

建议后续步骤：

- 写出 3 项你的最大优势和 3 项最大弱点。向你的高层教练、同事教练、下属教练或顾问寻求建议，确保你写下的内容符合你现任职位及职业志向的现实情况。
- 针对你的弱点制订出改善行动计划，内容可能包括具体工作分派、从你的公司内部寻求反馈意见或找个外部教练。
- 鼓励你的下属也试着做前述分析与行动计划，并在你给下属的训练指导课程中与他们讨论这项计划。
- 回想你表现奇佳、充分发挥潜能、对自己影响力深感满意的时刻。当时的状况具备哪些元素？你做的是什么工作？你的领导方式如何？当时的情况有什么背景？有哪些因素强化了你的表现？你从这次经验中，就你的热情、价值观及其他帮助你达成最佳表现的元素而言，学到了什么？

架构图：领导者应问自己的关键问题

策略方向及关键选择：

设定你的愿景与要务

如果你知道自己的方向，抵达目的地就容易许多。（第一章）

↕

领导力关键流程：

管理你的时间

根据愿景和要务分配时间。（第二章）

给予反馈，接受反馈

高效的领导者不但本身就是好教练，同时也会主动为自己寻找教练。（第三章）

接班规划与工作授权

面对终将退位的现实，拟出完善的接班规划。（第四章）

为你的团队把脉，做出相应调整

鼓起勇气，重新评估你的团队。（第五章）

↕

成为领导者

领导者要成为团队的典范

向他人传达出你真正相信与珍视的价值。（第六章）

发挥你的潜能

做真实的自己。（第七章）

↔

展开询问及反思流程

统整所有概念，
迈向优秀领导力

反复练习，拓宽视野。（第八章）

问出关键问题

↓

创造反思与辩论空间

↓

进行追踪评估

↓

可能结果：

- 加深洞察力
- 拓宽视野
- 增进判断力
- 提高决策力
- 更深入地探究

• 回想你帮助他人达成最佳表现的经验。你用了什么激励方式？你的领导风格是怎样的？还有哪些元素让你得以引导出他人的最佳表现呢？当你思索这件事时，你对你的人生哲学、价值观及未来如何更有效激励他人等方面，有没有更深入的了解？

致　谢

本书的想法与概念皆是出自过去数十年的经验。

我很感谢多年来有幸认识的众多导师、教练、友人、同事、客户及学生，他们散播的智慧，以及他们慷慨分享的个人经历，实在让我获益良多，而且也形成了本书大部分的架构。

我非常幸运能在高盛集团开始我的职业生涯，该公司及其领导帮助我塑造出自己的商业哲学和行为，这成为我在接下来22年中担任多种领导职位时不断改进的基础。该公司的优秀客户很慷慨，让我占用他们宝贵的时间，并学习他们的智慧与想法，他们给我的已远远超出事业关系所需。该公司几位高层领导及其众多客户，都是我职业生涯中的重要典范，帮助我塑造出我的管理能力及领导技巧。

我对哈佛商学院的同事表示感谢，2005年他们给我机会加入商学院，此后为了让我成为更高效的教授而煞费苦心：为我提供教练指导，让我更能把握议题架构，并安排有效讨论，增进我提升其他领导者能力的技巧。我的教授同事都是慷慨而严谨的思想家，对真实世界非常感兴趣，也知道该怎么让世界变得更好。这些特质结合起来非常强大，也驱策我更进一步发展技巧，不断学习。其中，我特别要感谢尼汀·诺利亚（Nitin Nohria）、比尔·乔治（Bill George）、鲍里斯·葛罗伯格（Boris Groysberg）、朗杰·古拉蒂（Ranjay Gulati）、克里斯·马奎斯（Chris Marquis），谢谢他们审阅本书书稿，也给出了相当好的反馈意见。

我的课堂经验对这本书的影响深远，自从到哈佛任教以来，我有幸给相当多的工商管理硕士及各层级的主管当老师，因此得以见识到各式各样的领导力、策略及竞争挑战。在与众多主管的互动中，我对领导力有了更深刻的体悟，而这份互动也提供了完美的尝试空间，让我得以尝试多种改善表现的做法。

我要感谢《哈佛商业评论》（*Harvard Business Review*）给我提供了撰写有关领导力与个人发展潜能方向文章的机会。杰夫·基欧（Jeff Kehoe）和他在《哈佛商业评论》的同事：埃林·布朗（Erin Brown）、考特妮·卡什曼（Courteny Cashman）、艾伦·皮布尔（Ellen Peebles）、阿利森·彼得（Allison Peter），都鼓励我把这些文章加以拓展，并协助我走过本书的每一个创作阶段。

没有我的编辑杰夫·克鲁克尚克（Jeff Cruikshank），我就不可能写出这本书。杰夫本身就是一名有成就的作者，而且也是一位非凡的教练、导师与编辑。

此外，我也要感谢我的优秀资深助理桑迪·马丁（Sandy Martin），她性格包容，帮助我更高效地工作。还有我在哈佛商学院的助理简·巴瑞特（Jane Barrett），她一贯表现出色，做的工作极有价值。有这两位助理帮助，两年来我的写作计划才能正常进行。

特别感谢卡伦·贝尔焦维内（Karen Belgiovine）、迈克尔·戴蒙德（Michael Diamond）、希瑟·亨利克森（Heather Henriksen）、科琳·卡夫坦（Colleen Kaftan）、阿琳·凯甘（Arlene Kagan）、司各特·里卡德松（Scott Richardson）、温迪·维纳（Wendy Winer）与戴维·维纳（David Winer），他们阅读了我的书稿，给予了很多建议。

最后，也最重要的是，我要感谢我的父母与家人。他们始终爱我、支持我、了解我。他们的哲学、价值观与建议都回荡在本书中。